회사소개서를 만드는 가장 괜찮은 방법

이 책이 세상에 나올 수 있도록 직접 출판사 차려서 저를 유혹한 배우자님의 지혜에 감사드립니다. 더불어 손목과 머리를 희생해가며 멋진 템플릿을 제작해준 애프터모멘트의 최강 디자이너 이승현, 홍지윤 디자이너님이 없었다면 이 책은 나올 수 없었을 것입니다. 이게 책으로 나와도 잘 될까요? 라는 물음에 암요암요 끄덕거려주시고 편집해주신 히라님께도 감사드립니다. 뜨거운 애정으로 텀블벅 크라우드펀딩에서 '뽑아쓰면 뽑히는 회사소개서 제작 가이드북'을 응원해주신 900여명의 후원자분들께도 진심으로 감사드립니다. 남은 거 없냐는 메시지가 오늘도 들어왔는데, 많은 분들의 갈증을 풀어드릴 기막힌 아이템이 됐음 좋겠습니다.

2022 AFTERMOMENT, All rights reserved.

이 책의 저작권은 애프터모멘트에 있습니다. 저작권법에 의해 보호받는 저작물이므로 무단전재와 복제를 금합니다. 또한 2차 제작물 제작 시 반드시 저작권자인 애프터모멘트의 허락을 득하여야 합니다.

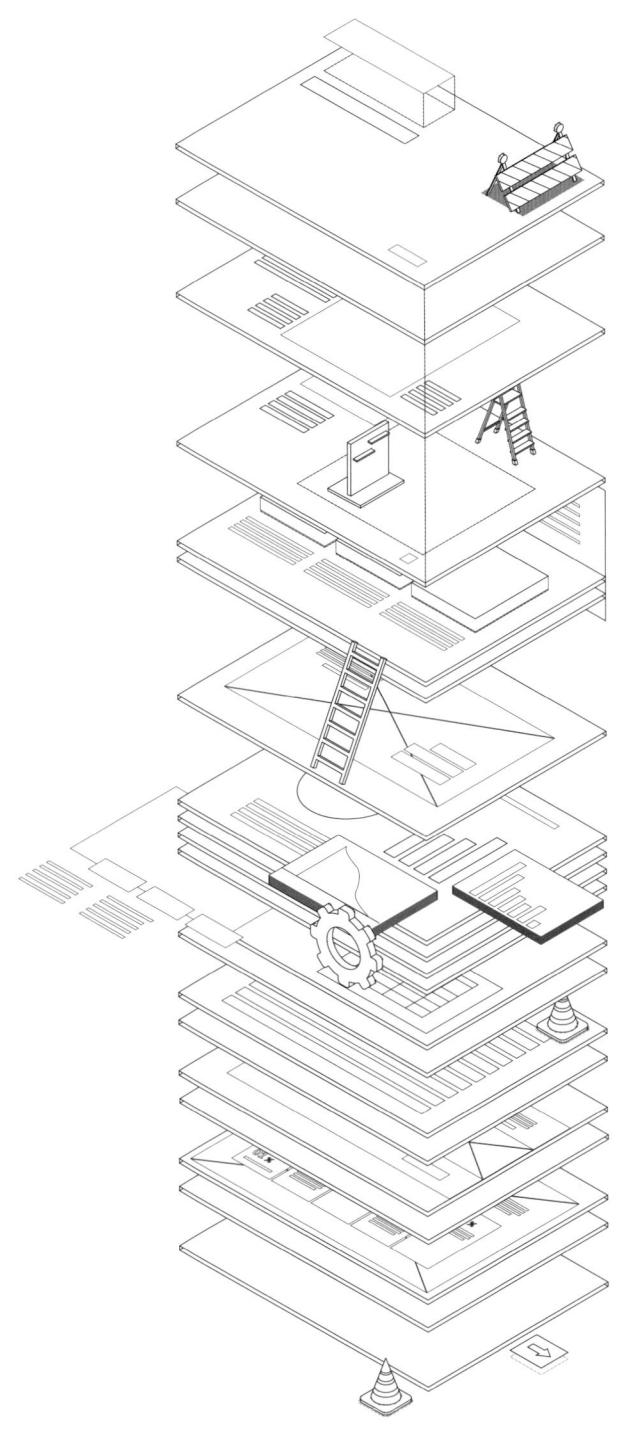

THE GOOD WAY

TO MAKING

A COMPANY

INTRODUCTION

PROLOGUE

소개란 참으로 떨리는 일입니다. 지난 시간들을 생각해봅시다. 학교에 들어가 나를 소개하고, 새로운 회사에 들어가기 위해 나를 소개하고, 독서 모임이나 동호회에서 나를 소개한 경험들이 있으실 거예요. 나라는 이름 세 글자가 이토록 설명하기 어려운 존재였다는 것을 새삼 깨닫는 경험이었죠. 이제 우리는 내가 아닌 브랜드를 소개할 겁니다. 자기소개와 마찬가지로 소개하는 시간은 짧을 것이고, 기회는 한 번일 것입니다. 떨리고, 어렵죠. 그러나 해내야 합니다. 브랜드의 소개엔 수억 원의 투자나 계약, 입찰이 걸려있으니까요. 회사의 또 다른 장을 열기 위한 관문과도 같습니다. 우린 지금부터 말 대신에 글과 그림으로 우리를 표현하는 방법을 알아볼 것입니다. 저는 여러분의 소개서를 만드는 역할을 하고 있지만, 이번만큼은 직접 만들어보실 수 있도록 저희가 쓰는 초기 기획 방법을 그대로 알려드릴 것입니다. 천천히 그리고 가벼운 마음으로 따라와 주세요. 그럼 시작하겠습니다.

준비하기

컴퓨터를 켜기 전에 머리를 먼저 정리해야 해요. 보통 이럴 땐 컴퓨터보다 손이 편합니다. 종이와 펜은 생각의 속도보다 느려서, 마구 튀어나가려는 생각을 잡아주는 역할을 하거든요.

도큐나이징 Docu-nizing

저흰 이 작업을 도큐나이징이라고 부릅니다.

물론 저희가 만들어 낸 단어입니다.

Document와 Organizing의 합성어죠.

브랜드의 매력과 이야기를 문서로 정리하고

새로운 하나의 메시지를 만들어 내는 과정이죠.

여기서 중요한 것은 '새로운 하나의 메시지'입니다.

지금부터 차근차근 주어진 질문에 답하여 만들어 봅시다.

	PROLOGUE	5

CHAPTER 01　Planning : 뼈대부터 제대로

01	회사소개서의 종류 바로 알기	13
02	명확한 목적지 설정하기	21
03	귀에 쏙쏙 들리게 페이지 순서 구성하기	35

CHAPTER 02　Contents : 논리적으로 알차게

01	다른 팀에 자료 요청하기	71
02	디자인 시스템 규정하기	77
03	스토리 구성방식 선정하기	101

CHAPTER 03　Making : 한 장 한 장 알려주는 페이지 제작법

01	Message	125
02	Information	157
03	Voice & Scenario	225
04	Numbers	245

EPILOGUE		286

01 PLANNING
뼈대부터 제대로

회사소개서의 종류 바로 알기

일반적으로 소개서나 제안서란 단어를 많이 사용합니다. 하지만 엄연히 이 둘은 꽤나 다른 친구라고 할 수 있어요. 외주업체에 의뢰를 보낼 때도 그렇고, 내부에서 만들 때에도 우리가 만들려고 하는 것이 정확히 어떤 것인지 알고 있어야 커뮤니케이션에 오해가 없답니다. 우린 정확히 어떤 것을 만들려는 건지 한 번 알아봅시다.

회사소개서 Company Profile

회사소개서는 그 회사의 미션, 철학, 제품, 서비스 카테고리, 비전, 컨택 포인트, 파트너스, 조직도 등 일반적인 내용을 담은 공식 프로필입니다. 불특정 다수를 대상으로 공개하는 문서이며, 영어로는 Company profile 또는 Introduction이라고 표현합니다. (Company profile이 더 일반적인 표현입니다.) 이것은 말 그대로 정보를 정리해놓은 아카이빙 자료입니다. 이것이 어떤 용도로 어떻게 쓰일 지는 아직 아무도 모르죠. 그래서 굉장히 정적입니다. 초면에 길게 인사하는 CEO 인사말도 있고 우리 스스로 혼잣말을 하는 듯한 비전과 철학도 잔뜩 적혀있습니다. 소개서에서 중요한 건 스토리보다는 (스토리는 제안서에서 중요하죠.) 잘 정돈된 회사정보와 다양한 브랜드를 맥락별로 정리하는 것입니다.

제품/서비스 소개서   Product or Service Introduction

많은 회사가 하나 이상의 다양한 제품과 서비스를 만듭니다. 혹은 제품마다 구매 고객이 다르고, 영업 전략이 다를 수도 있습니다. 그러므로 제품마다 개별 소개서가 만들어질 때가 있죠. 이 개별 소개서에 기업의 철학이나 비전까지 들어갈 필요는 없습니다. 냉장고 하나 사려고 했을 뿐인데, 기업의 문화까지 알 필욘 없으니까요. 그것보단 이 제품이나 서비스의 장점과 특징, 사용방법, FAQ 등 좀 더 실용적인 내용에 집중해야 합니다.

제안서 Proposal

제안서와 소개서의 가장 큰 차이점은 자료를 받는 사람입니다. 소개서가 불특정 다수를 대상으로 만든 문서라면, 제안서는 특정한 대상과 특정한 프로젝트를 수행하기 위해 구체적인 '안'을 제시하는 문서입니다. 제공하는 사람과 받는 사람이 구면일 수도 있고, 초면일 수도 있습니다. 그러므로 구구절절한 회사의 스토리와 철학보다는 우리가 수행할 일과 그 효과에 더 집중되어 있습니다. 영어로는 Proposal이라고 표현합니다. 용역 입찰이나 협업 제안, 입점 제안, 제휴 제안, 후원 제안 등이 포함될 수 있습니다. 제안서의 특징은 경쟁 구도에 있습니다. 소개서는 나를 매력적으로 표현하기만 하면 되지만, 제안서는 많은 경우 다른 대안과 경쟁해야 하기 때문에 실질적인 차별성과 이점을 제시할 수 있어야 합니다.

투자제안서 Investor Relations

제안서라고 표현하지만, 앞서 설명한 제안서와는 결이 아주 다릅니다. 일반적인 제안서는 지금 당장 프로젝트를 수행해야 하므로 현재의 역량과 지금까지 얼마나 잘해왔는지를 어필합니다. 하지만, 투자제안서는 성장가능성과 미래가치에 초점을 둡니다. 앞으로 어떻게 성장할지, 그러기 위해 지금 무슨 일을 하고 있으며, 투자금을 확보한 후엔 어떻게 운용할지 등을 이야기해야 합니다. 영어로는 IR(Investor Relations)이라고 표현합니다. IR의 목적은 다양하지만 이 중 스타트업의 IR은 투자유치를 목표로 합니다. 우리의 가설을 검증하고, 각 단계별 마일스톤을 달성해서 쭉쭉 성장합니다. 기업가치를 극대화시킨 후 투자자에게 큰 이윤을 주겠다는 자기 어필 내지는 거래와도 같은 것이죠.

컬쳐덱 Culture Deck

컬쳐덱은 브랜드를 기록하는 가장 고도화된 방식입니다. 마치 브랜드의 법전과도 같습니다. 모든 구성원에게 브랜드 철학, 현황, 방향성, 문화, 정책, 업무방식, 규율을 선언하고 명문화하는 데에 그 목적이 있습니다. 특별히 정해진 형식이 있진 않습니다. 보통은 50~100페이지가 넘어가는 형태가 주를 이루었습니다. 컬쳐덱의 선언을 통해 누구에게 어떤 반응을 만들고 싶은지에 따라 콘텐츠 또한 다양하게 바뀔 수 있습니다. 일반적으론 브랜딩이나 채용, 브랜드 콘텐츠로서의 활용, 인수합병 대비, 투자자를 향한 어필, 내부 공유자료, 리브랜딩 등의 목적으로 탄생합니다. 이를 관리하는 곳은 주로 인사, BX(Brand Experience)팀입니다. 성장의 과도기에 있거나, 회사의 쇄신, 급격한 확장 등의 이슈가 있을 때 주로 만들어집니다.

명확한 목적지 설정하기

우리가 무슨 일을 할 때, 하다못해 놀 때도 마찬가지지만 어디로 가는지, 왜 가는지 목적도 없이 걸음을 옮기면 방황하게 됩니다. 보통 이런 경우엔 다시 제자리로 돌아오게 되죠. 우리 프로젝트가 빙빙 돌지 않고 쭉쭉 앞으로 나가려면 일단 '목적지'를 잘 잡아야 해요! 지금부턴 목적지를 설정해볼게요.

가만보자. 이걸 왜 만들고 있지?

소개서를 재밌어서 만드는 사람은 변태입니다. 뭔가 이유가 있으니까 이게 시작됐겠죠? 딱히 당장 필요는 없지만 일단 만들어놔야 맘이 편해서 만드는 경우도 있었습니다. 하지만 보통 이런 마음 달래기용 소개서 프로젝트는 끝이 좋지 않았죠. 우리에겐 좀 더 명확하고 현실적인 이유가 필요합니다. 곧 박람회에 참여하는데 예비 바이어들에게 선사할 핸드아웃 자료가 필요할 수도 있습니다. 또는 신사업을 런칭하며 대대적인 브랜드 개편이 있었을 수도 있습니다. 채용을 위한 대외홍보 목적의 소개서도 많이 만들어지고 있죠.

소개서 제작 목적 :

이 소개서로 뭘 얻어내야 하지?

이걸 만들어서 우리가 얻어내야 하는 것은 무엇인가요? 투자유치? 입찰? 계약? 제휴? 소개서는 장식용이 아니므로 자신의 쓸모를 다해야 합니다. 앞서 말했던 제작의 이유가 목적이라면 이것은 목표입니다. 근데 이 목표가 두루뭉술하면 소개서가 엉망이 되곤해요. 소개서를 통해 얻어내고 싶은 것이 '투자유치!'라고 규정하면 세상 모든 투자자들을 대상으로 모든 라운드의 투자단계와, 우리가 보여줄 수 있는 모든 전략을 떠올릴 수 있거든요. 선택사항이 너무 많아지면 머리와 마음이 복잡해집니다. '우리의 독보적인 기술력과 지난 2년간의 판매추이를 토대로 올해 2/4분기 내에 동남아 시장진출을 함께할 시리즈 B 투자를 유치한다' 정도로 잡아보는 것이 좋아요!

소개서 제작 목표 :

언제까지 만들어야 해요?

제 경험상 소개서 만드는 시기가 늘어질수록 퀄리티는 떨어졌어요. 담당자도 만드는 사람도 서로 지쳐가고, 중간중간 수정과 내용 추가로 디자인도 누더기처럼 변하거든요. 여기저기 짜깁기한 흔적들이 눈에 보이기도 합니다. 데드라인은 타이트하게 잡는 것을 추천해요. 저는 3~4주 이내에 마치는 것을 목표로 하고 있어요.

소개서 제작 기한 :

어떻게 만들어야 해요?

1) 누구에게 보낼 거예요? 정확한 수신자를 확정해 주세요.

2) 제작방식을 생각해봐요. 온라인인가요? 인쇄물인가요?

3) 발송 방식은요? 메일 또는 직접 전달, 배포?

4) 인쇄를 한다면 어떤 방식으로 몇 부 제작해요?

5) 몇 페이지 정도를 예상하시나요?

6) 사이즈는 어떻게 되나요? 규정해 주세요.

소개서 제작 방식 :

누가 만드나요?

솔직하게 말씀드리면 혼자 만드는 게 속편하긴 합니다. 몸은 힘들겠지만 맘은 편할 수도 있죠. 하지만 회사 전체의 이모저모를 담아내려면 분명 여러 팀들의 협력이 필요할 거예요. 여기서 협력이란 자료만 던져주는 정도를 말하는 게 아닙니다. 함께 소개서를 만들 사람들은 다음과 같은 역할을 해야해요. 기획, 커뮤니케이션, 제작. 이 셋 중 하나죠.

1) 페이지 구성이나 담길 콘텐츠를 예상해서 필요한 걸 정리합니다.
2) 그걸 각 팀에게 요청하고 받은 자료를 가공합니다.
3) 텍스트나 디자인 중 적어도 하나를 전담합니다.

담당자가 누구인지 적어보세요 :

어떻게 커뮤니케이션 하실 건가요?

(카카오톡) (슬랙) (메일) (피그마) (트렐로) (노션)
(잔디) (Swit) (채널톡) (라인웍스) (ZOOM) (행아웃)
(베이스캠프) (JIRA) (아사나) (G-suite) (플로우) (기타)

소개서를 만들다보면 여러 팀에서 자료를 받게 됩니다. 협업방식을 규정해놓지 않으면 카톡, 이메일, 협업툴, 구글 드라이브 등 자기들이 편한 방식으로 자료들을 '던지는' 경우가 종종 있습니다. 담당자 입장에선 좀 짜증날 수 있죠. 메일 제목은 어떻게 써주시고, 파일 전달 시에 파일 이름은 어떻게 해달라는 것까지 세세하게 가이드 해주는 것이 좋습니다.

커뮤니케이션 방식 :

파워포인트로 만들어야 할까요?

PPT는 디자이너가 아니라도 누구나 쉽게 편집할 수 있고, 매우 익숙한 툴이라는 점에서 '대표님'들이 많이 선호하더라구요. 특히 IR같이 현장에서의 잦은 수정이 있는 경우에 PPT 포맷을 많이 원하십니다. 다만 내 컴퓨터가 아닌 경우 폰트 적용이 안되거나, 이미지를 불러올 수 없는 경우(특히 드래그 앤 드롭으로 이미지를 끌어 배치한 경우 이런 현상이 종종 있었어요.), PPT에서 만든 경우 PDF로 변환할 때 그림자나 흐림 효과 등이 제대로 반영되지 않는 오류 등의 자잘한 문제들이 있었어요. 무엇보다 디자인 퀄리티 문제가 있죠. PPT로 만들어도 영혼을 갈아넣으면 디자인 툴 못지않게 멋진 디자인을 만들 수 있습니다. 문제는 효율성이죠. 디자인 툴로 10초면 될 것을 PPT에선 수십 개 도형으로 몇 시간 동안 만들어야 하는 경우들이 있거든요. 하지만 복잡한 디자인 작업이 필요하지 않고 단순한 내용 배치와 정돈 목적이라면 충분히 좋은 툴입니다.

디자인이 복잡하지 않고, 비디자이너도 손쉽게 수정해야 한다면 파워포인트

어도비 일러스트레이터(Ai)로 만들어야 할까요?

저는 당연히 일러스트레이터를 기본툴로 사용하고 있습니다. 특히 각 페이지별로 다채로운 레이아웃을 구성해야 하고, 그래픽 요소들이 많을 경우엔 일러스트레이터만한 툴이 없죠. 다만 이 툴이 그리 가볍지 않습니다. 20페이지 이상 넘어가는 경우 사진과 그래픽 요소, 텍스트, 각종 디자인 효과까지 더해지면 엄청난 용량과 함께 저장과 로딩속도 때문에 답답할 때가 종종 있습니다. 그리고 가장 큰 문제는 다룰 수 있는 사람만 다룰 수 있단 것이죠.

각 페이지마다 다채로운 레이아웃이 들어가고, 20p내외의 분량이라면 Ai

구글 슬라이드로 만들어야 할까요?

구글 슬라이드는 온라인 기반이라 손쉬운 공유와 다자간 작업이 최대 장점입니다. 배포 후에도 내용을 업데이트할 수 있고, 최근 나온 템플릿을 보면 꽤나 멋진 디자인들도 많아서 잘 사용하면 괜찮은 결과물을 낼 수 있다고 생각합니다. 하지만 파워포인트에 비해선 자유도가 좀 떨어지고 폰트나 도형, 편집에 있어서도 기능이 풍부하다고 보이진 않습니다. 그리고 파워포인트와 마찬가지로 복잡한 디자인이나 많은 자료 정리가 필요할 땐 조금 비효율적인 느낌이 있죠. 클라이언트사의 보안 이슈로 접근이 불가능한 경우도 있습니다.

가벼운 디자인과 빠른 협업이 중요하다면 구글 슬라이드

인디자인으로 만들어야 할까요?

인디자인은 꽤나 좋은 편집툴입니다. 만약 페이지수가 30페이지 이상 넘어가거나, 텍스트가 많은 보고서처럼 화려한 그래픽보다 배치, 가독성이 더 중요한 경우라면 인디자인을 추천합니다. 더불어 인디자인의 디지털 출판 기능으로 툴에서 제작한 결과물을 온라인에서 열람할 수도 있죠. 여기엔 간단한 애니메이션이나 링크 이동, 동영상 재생, 갤러리 기능도 삽입할 수 있어서, 꽤나 동적인 결과물을 만들 수 있습니다. 다만 인디자인은 제작툴이 아니라 배치툴인지라 복잡한 그래픽 요소를 만들 수 없습니다. 다른 프로그램(일러스트레이터나 포토샵 등)에서 만든 후 인디자인으로 끌어와야(Embedding)하죠. 때문에 파일관리가 중요합니다. 소스파일과 인디자인 파일이 분리되면 링크가 깨져버리거든요. 또한 인디자인은 편집디자이너가 아닌 이상 디자이너들도 서브로 배우는 툴인지라 능숙함의 정도가 다를 수 있습니다.

30페이지 이상의 많은 텍스트, 이미지가 들어가는 편집물이라면 인디자인

키노트로 만들어야 하나요?

맥(Mac)유저라면 키노트의 심플함과 디자인 경험을 애정할 것입니다. 키노트는 파워포인트와 같은 레벨의 프로그램이니, 고도의 디자인 작업보단 깔끔한 정돈과 배치의 목적이라면 좋은 툴이라고 생각합니다. 요즘엔 PPT와 대부분 호환되지만 가끔 폰트 적용 문제나 배치가 조금씩 틀어지는 등의 '조금 번거로운' 수준의 문제가 있으니 협업하는 사람의 운영체제를 잘 고려해 봐야 할 거예요. 맥으로 만들어서 PDF로 배포한다면 가능한 대안입니다. 맥+키노트 조합은 아름다우니까요!

맥을 쓰는 사람에겐 너무도 매력적인 툴, 키노트

포토샵으로 만들어야 하나요?

포토샵도 CC버전부턴 '대지' 기능을 지원하기 때문에 일러스트레이션처럼 디자인이 가능합니다. 다만 특별히 이미지가 엄청 중요하거나, 예술적인 효과가 꼭 필요한 소개서가 아니라면 그렇게 추천하지 않습니다. 파일이 너무 무거워지거든요. 포토샵에서 이미지를 편집한 뒤 일러스트레이터로 가져와 삽입하는 방법을 주로 사용하죠.

포토샵을 다룰 줄 알고 예쁜 상품 표현을 원하는 경우에 추천!

귀에 쏙쏙 들리게 페이지 순서 구성하기

소개서를 주고받는 것은 **'액션과 리액션'** 관계로 이해할 수 있습니다. 소개서를 줬으면? 뭔가 반응이 있어야겠죠. 이 때 우리에게 '감사하다는 인사나 멋지다는 감탄'은 별 필요가 없습니다. 소개서의 목적은 그게 아니니까요. 우리가 상대방에게 기대할 수 있는 리액션은 두 가지입니다.

'우리가 원하는 그것을 기억하고(정보), 우리가 원했던 감정을 들게 만드는 것(공감)'. 20페이지가 넘는 긴 정보는 결국 이를 위해 존재합니다. 온 우주가 힘을 합쳐 상대방에게 하나의 자극을 전달하는 것이죠.

하나의 정보만을 전달하기

소개서에는 수많은 글자와 그림, 도표가 들어갑니다. 소개서를 덮은 그들의 머릿속에 딱 하나만 남을 수 있다면 무엇을 남기고 싶으세요?

머릿속에 남길 것을 적어보세요.

정보를 방해하는 장애물 파악하기

혹시 상대방의 머릿속에 선입견과 고정관념 등의 장애물이 있을까요? 보통 사람들은 새로운 정보를 받아들이는 것을 선호하지 않습니다. 기존의 정보가 새로운 정보의 삽입을 방해하기도 한답니다. 사람들에게 정보가 제대로 받아들여지지 않는다면 어떤 이유에서일까요?

우리 정보를 왜곡, 방해하는 사람들의 선입견이나 고정관념을 적어보세요.

독자는 어떤 감정을 느껴야 할까

소개서를 모두 읽은 상대방이 어떤 감정과 정서를 느꼈으면 좋겠어요? 어떤 지점에서 공감해서 무릎을 치길 원하시나요? 또는 어느 부분이 불편해서 오래도록 머릿속에 고민거리로 남길 바라시나요?

마음 속에 남길 것을 적어보세요.

독자는 어떤 사람인가요

감정을 유발하는 것은 여러분이 전달한 메시지가 상대의 경험 또는 가치관, 소속감, 인정욕구, 불안 등 사람 마음 깊은 곳의 영역을 건드렸기 때문이에요. 여러분의 소개서를 보고 어떤 감정을 느낀다면, 이 사람은 어떤 경험과 가치관을 지닌 사람일까요? 상상해봅시다.

그 사람의 환경과 생활패턴, 업무적 특성, 업계 문화

독자는 소개서를 읽고 무슨 행동을 해야 할까

납득 가는 정보와 행동을 유발할 정도의 공감, 감정을 느꼈다면 어떤 행동으로 이어질 수 있습니다. 마치 100도를 넘어야 물이 끓는 것처럼 행동이 만들어지는 티핑포인트(tipping point)가 존재하거든요. 상대방이 어떤 행동을 하길 원하나요?

구체적으로 원하는 행동을 적어보세요.

플랜B를 만들어두세요

우리는 물컵 하나 가지러 가는 것도 귀찮아 합니다. 몇 페이지의 소개서를 보고 의사결정을 하는 것은 쉽지 않은 일이죠. 여러분은 '전화, 미팅요청, 답장, 샘플요청, 바이럴' 등 그들에게 다양한 행동을 원하겠지만, 실제로 그 사람은 즉각적인 반응을 하지 않을 가능성이 높습니다. 이 때 우리는 마냥 기다려야 할까요? 우리가 할 수 있는 후속 행동은 무엇이 있을까요?

그 행동을 하지 않았을 경우 플랜B를 적어보세요.

스토리를 적어볼 거예요

자료에 휘둘리는 소개서가 있고, 스토리가 중심이 되는 소개서가 있습니다. 소개란 건 기승전결과 서사가 있어야 해요. 자료는 그 근거가 되어줄 뿐이죠. 우리가 가지고 있는 자료가 A, B, C, D 있다고 해서 그 자료에 스토리를 끼워 맞추기 시작하면 단순나열 또는 중구난방의 함정에 빠지기 쉽습니다. 일단 중심이 되는 스토리를 줄글로 탄탄하게 잡아야 해요. 그리고 스토리를 뒷받침할 자료를 찾는 것이 순서죠.

마지막으로 알아두면 좋을 TIP

엔터를 쓰지 마세요.

줄글로 쓰세요.

손 가는대로 쓰세요.

가슴이 웅장해져도 좋아요.

다듬는 건 나중에.

자료에 의존하지 마세요.

<예문>

애프터모멘트는 회사소개서를 만드는 디자인 회사입니다. 브랜드가 자신을 소개할 일은 많지 않습니다. 하지만 일단 소개한다면 작은 이벤트가 아닐 것입니다. 투자나 제휴, 채용, 영업과 입찰같은 중요한 순간에 소개가 필요하죠. 이 때 소개서는 브랜드를 대표하는 목소리이자 무기가 됩니다. 때문에 여러분의 매력과 특징을 빠짐없이 드러낼 수 있어야 하죠. 하지만 이를 직접 만드는 것은 쉽지 않습니다. 여러분의 실력이 모자라서가 아닙니다. 오히려 여러분이 브랜드에 쏟고 있는 애정과 관심 때문이죠. 이것은 때로 상대방에게 과도한 부담을 주기도 하고, 너무 많은 정보로 다가오기도 합니다. 소개서 제작에서 중요한 점은 주어진 정보를 정제하고 잘 꿰매는 일이죠. 저희가 이 일을 잘 할 수 있는 이유는 소개서를 받는 사람과 만드는 사람의 중간지대에 있는 사람이기 때문입니다. 둘의 언어를 번역할 수 있고, 메시지를 깔끔하고 매력적으로 뽑아낼 능력이 있습니다. 더불어 이것을 시각적으로 변환하는 작업도 하고 있죠. 글쓰는 디자인회사의 강점은 여기에서 발휘됩니다. 어떤 메시지를 어떤 형태로 전달해야 그들에게 들릴지. 우리는 그것을 잘 알고 있습니다. 많은 경험과 지식을 통해 말이죠…(후략)

여러분의 스토리를 적어보세요.

문단을 쪼개볼 거예요.

이미 위에 글을 쓰면서 반사적으로 엔터를 몇 번 치셨을 거예요. 본능적으로 주제나 맥락이 바뀌는 부분을 알아차리셨겠죠. 이번에 우리가 해볼 부분은 '+'와 '/'를 활용하는 것입니다. 글의 맥락이 완전히 전환되는 부분은 '/'로 띄어서 구분해줄 것입니다. 그리고 내용이 다소 달라지긴 하지만 앞과 같은 맥락의 문단이라면 '+'를 써서 두 문단을 연결해 줍니다.

주의할 점

이제부터 줄바꿈을 사용합니다.

'+'는 한 문단 안에 들어오는 문장입니다. (스페이스바를 이용해주세요.)

'/'는 줄바꿈으로 문단을 구분하는 거예요. (엔터키를 이용해주세요.)

앞 문장의 설명, 예시, 부연, 수치는 '+'로 연결해요.

주제가 바뀌거나 그러나, 그런데, 하지만, 반면 등은 '/'로 구분해요.

'/'를 먼저 잡고 '+' 관계를 구분해주세요.

<예문>

소개서의 중요성과 만들기 어려움

애프터모멘트는 회사소개서를 만드는 디자인 회사입니다. 브랜드가 자신을 소개할 일은 많지 않습니다. 하지만 일단 소개한다면 작은 이벤트가 아닐 것입니다. 투자나 제휴, 채용, 영업과 입찰같은 중요한 순간에 소개가 필요하죠. 이 때 소개서는 브랜드를 대표하는 목소리이자 무기가 됩니다. 때문에 우리의 매력과 특징을 빠짐없이 드러낼 수 있어야 하죠. 하지만 이를 직접 만드는 것은 쉽지 않습니다. 여러분의 실력이 모자라서가 아닙니다. 오히려 우리가 브랜드에 쏟고 있는 애정과 관심 때문이죠. 이것은 상대방에게 과도한 부담을 주기도 하고, 너무 많은 정보로 다가오기도 합니다.

/

내 자랑

소개서 제작에서 중요한 점은 주어진 정보를 정제하고 잘 꿰매는 일이죠. 저희가 이 일을 잘 할 수 있는 이유는 소개서를 받는 사람과 만드는 사람의 중간지대에 있는 사람이기 때문입니다. 둘의 언어를 번역할 수 있고, 메시지를 깔끔하고 매력적으로 뽑아낼 능력이 있습니다. 더불어 이것을 시각적으로 변환하는 작업도 하고 있죠. 글쓰는 디자인 회사의 강점은 여기에서 발휘됩니다. 어떤 메시지를 어떤 형태로 전달해야 그들에게 들릴지. 우리는 그것을 잘 알고 있습니다. 많은 경험과 지식을 통해 말이죠…(후략)

'/'로 쪼개진 부분을 유심히 볼게요. (1)문단은 브랜드 소개와 소개서의 중요성, 어려움으로 이어집니다. 여기서의 주인공은 '소개서와 당신'입니다. 그런데 (2)부터는 어때요? 여긴 본격적인 내 자랑이 시작됩니다. 주인공이 '나'로 바뀌었죠.

자, 이제 여러분 차례! '/' 로 문단을 쪼개보세요.

<예문>

소개서 이야기 애프터모멘트는 회사소개서를 만드는 디자인 회사입니다. 브랜드가 자신을 소개할 일은 많지 않습니다. 하지만 일단 소개한다면 작은 이벤트가 아닐 것입니다. 투자나 제휴, 채용, 영업과 입찰같은 중요한 순간에 소개가 필요하죠.

+

당신의 이야기 <u>이때</u> 소개서는 브랜드를 대표하는 목소리이자 무기가 됩니다. 때문에 우리의 매력과 특징을 빠짐없이 드러낼 수 있어야 하죠. 하지만 이를 직접 만드는 것은 쉽지 않습니다. 여러분의 실력이 모자라서가 아닙니다. 오히려 우리가 브랜드에 쏟고 있는 애정과 관심 때문이죠. 이것은 상대방에게 과도한 부담을 주기도 하고, 너무 많은 정보로 다가오기도 합니다.

/

내 자랑(1) : 제3의 시선 소개서 제작에서 중요한 점은 주어진 정보를 정제하고 잘 꿰는 일이죠. 저희가 이 일을 잘 할 수 있는 이유는 소개서를 받는 사람과 만드는 사람의 중간지대에 있기 때문입니다. 둘의 언어를 번역할 수 있고, 메시지를 깔끔하고 매력적으로 뽑아낼 능력이 있습니다.

+

내 자랑(2) : 글과 이해 <u>더불어</u> 이것을 시각적으로 변환하는 작업도 하고 있죠. 글쓰는 디자인 회사의 강점은 여기에서 발휘됩니다. 어떤 메시지를 어떤 형태로 전달해야 그들에게 들릴지. 우리는 그것을 잘 알고 있습니다…(후략)

앞에서 보시다시피 +로 연결된 문단은 '이 때, 더불어, 그리고, 덧붙이자면, 예를 들어'와 같은 접속사로 연결됩니다. 앞 문단이 주문단이고 뒷 문단이 보조문단이 되는 셈이죠. 보통 이렇게 '+'까지 쪼개면 한 문단에 3~5문장 정도가 나옵니다.

자, 이제 여러분 차례! '+' 로 문단을 나누고 연결해 보세요.

앞에서 나눈 문단을 쪼개서 문장으로

페이지 구성에서 다들 애를 먹어요. 처음부터 멋진 플롯과 감동적인 스토리를 만들어내려고 하니까요. 사실 보통 천재 작가가 아니고서야 이런 식으로 글을 쓰는 사람은 없답니다. 일단 순서대로 문장을 잘라냅니다. 소개서 한 페이지에는 '하나의 정보'만 넣는 것을 추천드려요. 한 페이지에 '문제점'과 '해결책'이 다 들어가 있다거나 '경쟁사', '우리의 특징'이 동시에 들어가는 건 좋지 않아요. 한 페이지에 정보가 많아질수록 정보 배치나 디자인이 어려워지거든요.

좀 더 쉽게하는 TIP

일단 우리 회사 소개를 줄글로 쭈욱 써주세요.

그다음 마침표만 찾아서 줄글을 잘라주세요.

그리고 문장 하나하나를 다듬습니다.

각각의 문장이 어떤 성격을 지니고 있는지 파악해주세요.

어떤 문장은 '주제문' 어떤 문장은 '예시', '가정' 등이 될거예요.

각각의 문장이 소개서 각 페이지의 주제가 됩니다.

원페이지 원메시지를 만드는 과정이죠.

<예문>

소개서 이야기 애프터모멘트는 회사소개서를 만드는 디자인 회사입니다. 브랜드가 자신을 소개할 일은 많지 않습니다. 하지만 일단 소개한다면 작은 이벤트가 아닐 것입니다. 투자나 제휴, 채용, 영업과 입찰같은 중요한 순간에 소개가 필요하죠.

+

당신의 이야기 이때 소개서는 브랜드를 대표하는 목소리이자 무기가 됩니다. 때문에 우리의 매력과 특징을 빠짐없이 드러낼 수 있어야 하죠. 하지만 이를 직접 만드는 것은 쉽지 않습니다. 여러분의 실력이 모자라서가 아닙니다. 오히려 우리가 브랜드에 쏟고 있는 애정과 관심 때문이죠. 이것은 상대방에게 과도한 부담을 주기도 하고, 너무 많은 정보로 다가오기도 합니다.

정체성 애프터모멘트는 회사소개서를 만드는 디자인 회사입니다.

조건 투자나 제휴, 채용, 영업과 입찰같은 중요한 순간에 소개가 필요하죠.

대상정의 소개서는 이런 순간에 브랜드를 대표하는 목소리이자 무기가 됩니다.

문제제기 하지만 이를 직접 만드는 것은 쉽지 않습니다.

원인분석 과중된 업무, 브랜드에 대한 애착, 생산자적 시각 등이 원인이죠.

결과 이것은 상대방에게 과도한 부담이나 정보가 됩니다.

저는 편의상 다듬은 문장으로 먼저 보여드렸지만 여러분은 마침표로만 일단 끊어서 각 문장별로 늘어놓은 다음, 문장을 다듬으세요. 보시다시피 '정체성, 조건, 대상정의, 문제제기, 원인분석, 결과'로 문장의 성격이 나옵니다. 바로 이게 각 페이지의 주제가 됩니다.

여러분도 한 번 해보세요.

문장의 개수가 곧 페이지 수와 같습니다

하나의 문장은 하나의 '페이지'를 의미합니다. 20페이지를 만든다고 하면 20개의 문장이 나올 것입니다. 우린 이것을 구글 스프레드시트나 엑셀에 옮겨 20줄짜리 표를 만들거예요. 일단은 문장부터 옮겨 적어보세요.

1.
2.
3.
4.
5.
6.
7.
8.
9.
10.
11.
12.
13.
14.
15.
16.
17.
18.
19.
20.

챕터를 나눕니다

나열된 문장의 순서를 바꿀 수도 있습니다. 또는 비슷한 것끼리 묶거나, 더 필요한 문장을 추가할 수도 있죠. 이젠 완성된 스토리를 만들어야 하거든요. 회사 소개 파트, 브랜드별 소개 파트, 협업 사례 등 몇 개의 덩어리로 묶어 완성된 챕터를 만듭니다. 한 챕터에서도 도입과 마무리가 확실해야 해요. 그러니 최소 3개 챕터 이상이 있어야 합니다.

CHAPTER 01

CHAPTER 02

CHAPTER 03

표지와 간지, 목차를 넣어 완성!

표지와 목차, 간지 등도 포함해 줘야겠죠. 인쇄용이라면 페이지 수가 4의 배수여야 합니다. 이렇게 페이지 구성을 완성하면 일단 숨을 돌릴 수 있습니다.

COVER

INDEX

CHAPTER 01

CHAPTER 02

CHAPTER 03

COVER

각 페이지에 들어갈 자료들을 파악해 보세요

각 페이지에 들어갈 자료들은 크게 4가지로 나뉩니다. 우선은 로고, 컬러, 브랜드 아이콘 같은 디자인 자산이 있을 거예요. 다음은 이미지, 앱 이미지, 팀원 사진 등의 이미지가 있을 것입니다. 다음으론 데이터가 있겠죠. 그래프, 도표, 수치, 결과, 통계 등입니다. 마지막으론 텍스트가 있어야 해요. 슬로건, 브랜드 스토리, 제품 소개 문구 등을 말합니다.

애프터모멘트는 회사소개서와 브랜드 텍스트를 만드는 디자인 회사입니다.

　　└→ 로고, 배경화면

투자나 제휴, 채용, 영업과 입찰같은 중요한 순간에 소개가 필요하죠.

　　└→ 투자, 채용, 입찰관련 이미지 각 1개

소개서는 이런 순간에 브랜드를 대표하는 목소리이자 무기가 됩니다.

　　└→ 소개서 이미지

하지만 이를 직접 만드는 것은 쉽지 않습니다.

　　└→ 클라이언트 서베이 결과, 인터뷰 멘트 3~5개 정도

과중된 업무, 브랜드에 대한 애착, 생산자적 시각 등이 원인이죠.

　　└→ 소개서 제작에 걸리는 평균시간, 결과물에 대한 만족도 조사결과 등

이것은 상대방에게 과도한 부담이나 정보가 됩니다.

　　└→ 소개서를 접한 사람의 코멘트, 이해가 어렵다는 답변 비율 등

페이지에도 리듬이 있어야 해요

모든 페이지를 다 기억할 순 없습니다. 점점 스토리를 쌓아가다가 어느 한 곳에서 터뜨려야 하죠. 그 클라이막스가 어디냐? 바로 '하지만, 그러나, 그런데'와 같은 역접 접속사가 붙거나 '결론적으로, 종합해보자면, 한 마디로'와 같은 접속부사가 붙는 부분입니다. 이 때의 강조라는 것은 디자인의 강렬함도 있겠지만 문장도 더 명쾌하고 깔끔해져야 하죠.

정의	애프터모멘트는 회사소개서와 브랜드 텍스트를 만드는 디자인 회사입니다.
조건	투자나 제휴, 채용, 영업과 입찰같은 중요한 순간에 소개가 필요하죠.
대상정의	소개서는 이런 순간에 브랜드를 대표하는 목소리이자 무기가 됩니다.
문제제기	하지만 이를 직접 만드는 것은 쉽지 않습니다. (이곳을 강조!!)
원인분석	과중된 업무, 브랜드에 대한 애착, 생산자적 시각 등이 원인이죠.
결과	이것은 상대방에게 과도한 부담이나 정보가 됩니다. (이곳을 강조!!)

좀 쉴게요.

이제부턴, 협업이 필요해요.

02 CONTENTS
논리적으로 알차게

다른 팀에 자료 요청하기

소개서를 혼자 만들 순 없습니다. 물론 불가능하진 않지만, 여러분이 너무 힘들죠. 얼마나 많은 자료와 디자인이 필요한지 만들어보지 않으면 실감하기 어렵습니다. 소개서를 만들려면 일단 페이지에 넣을 분량 이상의 자료가 필요합니다. 일단 쏟아붓고 추려내는 것이 관건이죠. 그러기 위해선 각 팀에게 자료를 요청해야 합니다. 여기서 중요한 건 팀원들도 각자 할 일이 있단 것입니다. 소개서 만드는 데 모든 시간을 쏟아 부을 순 없죠. 좋은 자료를 받기 위해선 좋은 요청을 해야 합니다. 어떤 식으로 필요한 자료를 요청하는지 알아볼게요.

요청하기 전에 생각부터 정리해주세요.

페이지 넘버	아젠다		접속사	
1	표지			
2	메인아젠다	------------------------------		------
3	시장확장	------------------------------	앞으로	------
4	시장현황	------------------------------	보시다시피	------
5	문제제기	------------------------------	그러나	------
6	가설제기	------------------------------	만약	------
7	솔루션	------------------------------	그래서	------
8	작동원리	------------------------------	이 툴은	------
9	주요기능	------------------------------	여기서	------
10	타사비교	------------------------------	물론	------
11	기대효과	------------------------------	만약	------
12	부가기능	------------------------------	뿐만 아니라	------
13	활용사례	------------------------------	또한	------
14	리퍼럴	------------------------------		
15	상품구분	------------------------------		
16	FAQ	------------------------------		
17	컨택 포인트	------------------------------	자, 이제	------

굳이 읽기도 힘들게 접속사를 따로 뺀 이유가 있습니다. 접속사를 읽을 때, 딱 끊고 접속사를 힘주어 읽어보세요. 접속사는 실제 피칭할 때 어디서 호흡을 빠르게 가져가야 할지, 어디서 강조를 해야할지, 어디서 멈추고 진정해야 할지를 알려주는 속도 표지판 같은 역할을 합니다.

주요내용

- 디자이너가 쓰는 협업툴은 달라야 합니다.
- 재택근무의 가속화로 인해 이미지 협업에 대한 자동화가 더욱 필요해질 것입니다.
- 현재의 디자인 협업 프로세스는 이렇게 7개의 과정으로 이루어지고 있습니다.
- 이 과정에서 비효율과 비용의 문제, 그리고 커뮤니케이션의 오해가 발생합니다.
- 이 과정을 사람이 아닌 챗봇 기반의 AI솔루션과 맞춤형 모듈식 협업툴로 대체할 수 있다면 어떨까요?
- 저희는 이 문제를 해결 할 수 있는 OOO워크를 개발했습니다.
- (작동 화면 및 영상) 이런 식으로 작동하여 업무를 더욱 효율적으로 개선시킵니다.
- 메인기능은 3가지 입니다. 챗봇을 통한 커뮤니케이션, 파일로그 정리, 피드백 프로세스 단순화.
- 비슷한 툴이 없진 않습니다. 하지만 다른 툴에 비해서 이런 점이 뛰어납니다.
- 우리 툴을 도입하면 업무시간 OO%, 업무인력 O명으로 기존대비 50% 이상 빠르게 일할 수 있습니다.
- 각 비즈니스 카테고리별로 다른 커뮤니케이션을 고려해 이런 기능들을 추가할 수 있습니다.
- 이 기능들을 조합해 사용한 고객들은 이런 성과를 내고 있습니다.
- 이들은 이렇게 서비스를 평가하고 있습니다.
- 현재 우린 이런 상품들을 지니고 있으며, 이런 방식으로 선택할 수 있습니다.
- 많은 분들이 궁금해하는 지점을 알려드립니다.
- 이제 여러분이 누리실 차례입니다. 연락주세요.

어! 이것 좀 부탁해! 어… 이것도 좀. 아 미안, 이것도 필요하다. 혹시 이것도 있어요?, 음… **매출자료 좀 부탁해요.** 이러면 안되겠죠. 상대방도 일의 흐름이란 게 있어요. 소개서 만드는 게 중요하긴 하지만 팀원의 업무흐름을 계속 깨면서 그때그때 요청하는 건 좋은 일이 아닐 거예요. 아래처럼 필요 데이터를 미리 확인해서 모아놓고, 각 팀에게 일괄적으로 요청해주세요. 어떤 자료를 어떤 형태로, 언제까지 달라고 말이죠.

주요내용

디자이너가 쓰는 협업툴은 달라야 합니다.
재택근무의 가속화로 인해 이미지 협업에 대한 자동화가 더욱 필요해질 것입니다.
현재의 디자인 협업 프로세스는 이렇게 7개의 과정으로 이루어지고 있습니다.
이 과정에서 비효율과 비용의 문제, 그리고 커뮤니케이션의 오해가 발생합니다.
이 과정을 사람이 아닌 챗봇 기반의 AI솔루션과 맞춤형 모듈식 협업툴로 대체할 수 있다면 어떨까요?
저희는 이 문제를 해결 할 수 있는 OOO워크를 개발했습니다.
(작동 화면 및 영상) 이런 식으로 작동하여 업무를 더욱 효율적으로 개선시킵니다.
메인기능은 3가지 입니다. 챗봇을 통한 커뮤니케이션, 파일로그 정리, 피드백 프로세스 단순화.
비슷한 툴이 없진 않습니다. 하지만 다른 툴에 비해서 이런 점이 뛰어납니다.
우리 툴을 도입하면 업무시간 OO%, 업무인력 O명으로 기존대비 50% 이상 빠르게 일할 수 있습니다.
각 비즈니스 카테고리별로 다른 커뮤니케이션을 고려해 이런 기능들을 추가할 수 있습니다.
이 기능들을 조합해 사용한 고객들은 이런 성과를 내고 있습니다.
이들은 이렇게 서비스를 평가하고 있습니다.
현재 우린 이런 상품들을 지니고 있으며, 이런 방식으로 선택할 수 있습니다.
많은 분들이 궁금해하는 지점을 알려드립니다.
이제 여러분이 누리실 차례입니다. 연락주세요.

	필요데이터	요청부서
-	-	-
----	2020-2021 재택근무 증가율, 비대면 업무 효율화 사례 2개	서비스팀
	-	-
----	업무 비효율 관련 설문조사 결과, 피드백 평균수령 시간	서비스팀
----	평균 피드백에 소요되는 문장 개수, 필요기능 설문조사	서비스팀
	-	-
----	데모영상	콘텐츠팀
	-	-
----	A사 주요 기능/가격, B사 주요 기능/가격	서비스팀
----	실제 서비스 데모 결과, 업무 효율성 측정 결과	서비스팀
----	타사 클라이언트의 요청사항(피드백)	CX팀
----	운용성과, MAU, 만족도 조사결과	마케팅팀
----	실제 피드백 코멘트 6개	CX팀
----	상품리스트	서비스팀
----	최근 6개월 사이 3회 이상 반복된 고객문의 항목 10개	CX팀
	-	-

디자인 시스템 규정하기

소개서를 디자인하려면 기본적인 재료들이 필요합니다. 하지만 우린 바쁘기 때문에 이런 재료들이 차곡차곡 정리되어 있지 않은 경우도 많아요. 무엇이 필요한지 한 번 알아보도록 합시다. 만약 준비되어 있지 않아도 괜찮아요. 이참에 한 번 정리하는 셈 치죠 뭐. 물론 디자이너님이 만들어 주신다면 디자인에 대한 고민을 한결 덜 수 있을 것입니다. 하지만 이 책을 구매하신 여러분들이 기획만 하실 목적은 아닐거라고 생각해요. 대다수가 직접 디자인까지 해야하는 상황이 많을 것입니다. 비디자이너에게 소개서 디자인이란 결코 쉬운 일이 아니죠.

로고

로고는 크게 5가지 버전이 필요합니다. 여러분이 로고 파일을 직접 만질 수 없다면 이건 디자이너님께 요청을 드려야 해요. 참, 여기서 용어들을 많이 헷갈리시는데. 보통 우린 회사를 대표하는 그림 전체를 '로고'라고 부르지만 정확히는 회사명을 나타낸 글씨를 '로고'라고 부르고, 애플사의 사과같은 이미지는 '심볼'이라고 부른답니다. 로고타입, 심볼타입이라고 말하기도 해요. 두 개를 합쳐서 흔히 '로고'라고 하지만, 종종 '콤비네이션 combination 타입'이라고 부르는 곳도 있어요. 이 땐 심볼과 로고가 가로로 배치된 가로형과, 세로로 배치된 세로형이 있죠.

원래 로고
검은 배경에 흰색 로고
심볼과 로고 따로따로
가로형 조합
세로형 조합

컬러

브랜드 컬러가 있어요!

오호, 그렇다면 당연히 그것을 써야하죠! 브랜드 컬러는 주로 '메인 컬러'와 '서브 컬러', '배경 컬러'로 나누어진답니다. 이 세 가지가 모두 있다면 최상이고, 아니라면 다른 방법을 써야해요. '서브와 배경 컬러'까진 정하지 않은 경우도 있더라구요. 그럴 땐 두 가지 방법을 쓸 수 있어요.

비슷한 톤으로 가자.

메인 컬러 하나만 쓰되, 조금씩 채도를 변화시켜요. 메인 컬러가 빨간색이라면 조금 밝은 빨강, 더 밝은 빨강(또는 반대로)으로 구성할 수 있어요. 이걸 톤온톤(Tone on Tone) 배치라고 해요.

서로 다른 톤으로 가자.

보색을 쓰는 거예요! 빨강과 초록처럼 너무 정반대에 있는 보색보단, 그 보색방향 언저리에 있는 색(청록색같은)을 '서브 컬러'로 사용하는 거죠. 이걸 소극적 보색대비라고 해요. 백그라운드는 연한 회색 계열로 해주는 게 좋을 것 같아요. 참고로 흰색~검은색은 색이라고 부르지 않아요. 밝기 또는 명도라고 하죠.

컬러

브랜드 컬러가 없어요!

이럴 땐 주저하지 말고 집단지성을 믿으세요. 여러분은 색 전문가가 아니고, 브랜드 컬러는 없는 상태에요. 그렇다면 고민하지 말고 빠르게 좋은 조합이 모여있는 곳에서 골라야 해요. 그 전에 로고색 중 하나를 뽑을 건지, 그냥 취향껏 뽑을 건지, 컬러별 의미를 따를 건지 정해주세요. 하나가 정해졌다면 그게 '빨주노초파남보' 중 어떤 색에 가까운 지 선택해보세요. 정해지셨나요? 그러면 이제 색상 조합 사이트에 가서 색상 조합을 살펴보세요.

스킴컬러 : www.schemecolor.com
빨주노초파남보 기준색별 색상 조합을 확인할 수 있어요. 페이지를 넘길 때마다 더 좋은 조합이 있을 것 같아서 설레지만 대부분 3페이지 안에서 결정하셔야 해요. 안 그러면 밤새요.

디자인씨드 : www.design-seeds.com
사진 속 컬러를 뽑아낼 수 있어요. 제품이나, 환경, 자연, 도시 등 특정한 장소나 오브젝트가 분명한 사업체라면 이런 컬러를 활용해보셔도 좋아요.

UI그라디언트 : uigradients.com
그라디언트 컬러를 활용할 때 이만한 사이트는 없어요. 보다 보면 힐링도 됩니다. 전체 화면으로 해놓고 넘기면서 하나하나 보실 수 있어요.

LOL컬러스 : www.lolcolors.com
귀여운 팔레트 조합으로 4색을 기본으로 해요. 라이킷 수를 한 눈에 볼 수 있어서 사람들이 어떤 색 조합을 선호하는지 바로 확인할 수 있어요.

하일픽셀 : color.hailpixel.com
내 취향껏 조합을 만들고 싶다면 마우스로 색을 바로바로 선정할 수 있는 이곳을 추천해요. 여러분이 직접 색 변화를 보면서 눈으로 고를 수 있어요. 약간 색부심이 있고 빠르게 색을 고르고 싶다면 이곳을 추천드려요!

폰트 크기 잡기

소개서엔 많은 정보가 들어갑니다. 정보를 정리하는 데 큰 역할을 하는 것 중 하나가 **폰트의 위계**Hierachy죠. 가독성이 좋은 폰트를 선정하는 것 못지 않게 소개서 전체에 일관성 있는 폰트 사이즈를 정하는 것도 정말 중요합니다. 매 페이지마다 폰트 사이즈가 들쑥날쑥하면, 어떤 게 중요한 정보인지, 소제목인지, 본문인지 헷갈리게 되거든요.

대제목

대제목은 주로 헤드라인
중제목은 대제목의 60~80% 크기

소제목은 중제목의 60% 내외

본문   본문은 소제목의 60% 내외로 크기를 잡는데, 종종 소제목과 본문의 크기가 같은 경우도 있습니다. 이럴 땐 소제목의 폰트를 두껍게, 본문폰트의 굵기를 가늘게 만듭니다.

본문2   부연설명하는 경우, 예시를 들거나, 조건, 예외 등을 적을 땐 본문과 같은 크기로 명도만 다르게 하기도 합니다. 이건 50% 검은색으로 명도를 다르게 한 경우입니다.

캡션   캡션이나 출처, 통계자료 설명, 주석 등은 굉장히 악세서리적인 느낌이 강합니다. 가독성보단 삽입 자체에 중점을 주는 경우가 많죠. 저는 색도 조금 힘을 빼는 것을 좋아합니다. 이건 검은색(K) 60%입니다.

폰트 종류 잡기

본명조를 사용할 땐 자간을 조금 좁혀주시는 것이 좋습니다.
나눔명조는 같은 사이즈일 때 본명조보다 크기가 조금 작습니다.
을유1945도 제가 좋아하는 폰트예요. 가독성이 꽤나 좋더라구요
마루부리는 부드럽고 깔끔합니다. 자간이 특히 맘에 들어요.
아리따부리를 활용할 때도 있는데, 좀 더 하늘하늘하고 감성적입니다.

국문 고딕 폰트

Noto sans는 아주 대표적인 고딕인데, 자간 조정은 좀 필요합니다.
Pretendard는 같은 크기일 때 Noto 보다 좀 더 작아요. 자간이 베리굿.
유니버셜 폰트(온고딕)은 가독성이 아주 좋습니다. 자간 조정은 취향껏.
나눔바른고딕은 클라이언트들이 좋아하는 범용성 고딕이에요.
G마켓산스나 꼬딕씨, 에스코어드림같은 폰트는 가끔씩 포인트로.

영문 세리프 폰트

Noto serif : adipisicing elit, sed do eiusmod incididunt ut

Adobe garamond pro : adipisicing elit, sed do eiusmod incididunt ut

Baskerville BT : adipisicing elit, sed do eiusmod incididunt ut

Bodoni : adipisicing elit, sed do eiusmod incididunt ut Ut enim ad minim

영문 산세리프 폰트

Noto Sans : adipisicing elit, sed do eiusmod incididunt ut

Alliance No.1 : adipisicing elit, sed do eiusmod incididunt ut

Inter : adipisicing elit, sed do eiusmod incididunt ut

Qanelas soft : adipisicing elit, sed do eiusmod incididunt ut Ut

gilroy : adipisicing elit, sed do eiusmod incididunt ut Ut enim ad

Montserrat : adipisicing elit, sed do eiusmod incididunt ut Ut

레이아웃

레이아웃은 무언가를 잘 놓는다는 의미입니다. 이사를 생각해보세요. 처음 보는 낯선 공간에 각종 가구와 소품을 놓아야 하죠? 이 때 가장 중요한 건 '사람이 걸어다닐 수 있는가.' 그리고 '문을 열 때 걸리지 않는가, 너무 공간이 답답해보이지 않는가.' 등이 될 거예요. 이처럼 공간은 요소와 여백으로 구성됩니다.

이걸 잘 기억하세요. 여백은 채우고 남은 짜투리가 아니에요. 여백도 엄연한 요소입니다. 여백은 시선이 흘러가는 도로 역할을 수행하고, 이것과 저것이 분리되어 있다고 말해주는 표지판의 역할도 수행합니다. 그래서 요소를 넣기 전에 여백부터 먼저 잡고 시작해야 해요. 무작정 짐부터 쏟아넣다 보면 꼬여버린 퍼즐게임처럼 이러지도 저러지도 못하는 상황이 될 수 있거든요.

이때 한 가지만 주의해 주세요. 바로 '인지 가능한 차이'를 만들어야 한다는 점이죠. 아래 설명을 참고해주세요.

요소의 간격이 똑같은 상태입니다. 이럴 땐 각 요소가 지니고 있는 중요도가 동일해집니다. 보통 이런 구조에선 맨 위 또는 맨 오른쪽에 있는 요소가 핵심을 차지합니다.

마지막 요소에 여백을 조금 더 준 상태이긴 합니다만 명확히 구분되어 보이진 않습니다. 세 요소들 사이의 간격 차이가 그리 대단하지 않기 때문이죠. 만드는 사람은 '떨어뜨려 놓았다' 라고 하겠지만, 보는 사람은 이게 붙었는지 떨어졌는지 판단하기 어렵습니다.

구분을 줄 땐 명확하게 떨어뜨려 주어야 합니다. 확실히 이것과 저것이 완전히 독립된 형태라는 점을 보여줘야 하죠. 그래야 의미가 뒤섞이거나 혼란스럽지 않습니다. 여백을 소심하게 사용하면 안됩니다. 과감하고 거침없이 사용하세요.

01   일단 외곽 여백부터

전 보통 상,좌,우에 40px~100px의 여백을 주는 편이에요. 하단은 보통 그것의 1.5~2배를 줍니다. 하단이 좀 더 넓어야 가독성이 좋아지거든요. 40px은 약 1cm 정도입니다. PPT에서 만드신다면 cm로 계산하세요.

02   그 다음 내부를 쪼개요.

내부는 6개나 10개 정도로 쪼개요. 여기서 중요한 건 각 공간 사이에 약간의 여백이 있어야 한다는 점이에요. 정확한 수치까지 계산할 필요 없지만, 대략 이런 그림이 될 수 있도록 선을 그어 만들어보세요. 가로로는 가급적 쪼개지 않고 있어요. 일단 세로만!

03 　　상단영역을 설정할 거에요.

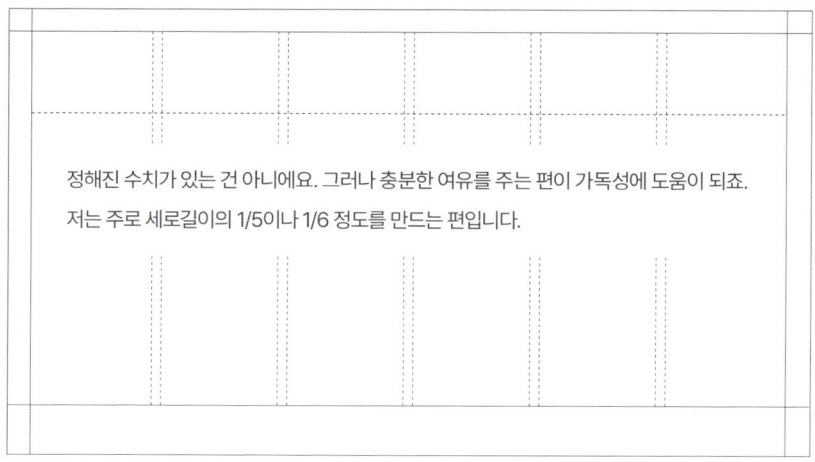

정해진 수치가 있는 건 아니에요. 그러나 충분한 여유를 주는 편이 가독성에 도움이 되죠. 저는 주로 세로길이의 1/5이나 1/6 정도를 만드는 편입니다.

04 　　이제 여기에 사이즈에 맞게 콘텐츠를 배치해요.

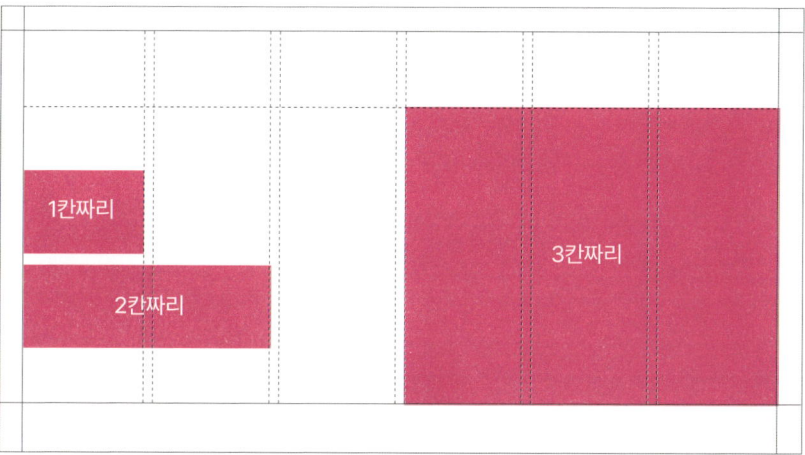

머리(Head)

각 페이지의 상단에는 헤드라는 것이 들어갑니다. 헤드는 대제목과 간략한 내용, 또는 페이지의 역할 등을 표시해주죠. 이는 본문에 들어갈 정보들의 기준을 잡아주고 읽는 사람으로 하여금 맥락을 쉽게 파악할 수 있게 해줍니다. 소개서를 재밌어서 정독하는 사람은 없으니, 독자들의 시간과 에너지를 절약해 주는 장치 역할도 수행하죠.

페이지 순서

적는 경우도 있고 아닌 경우도 있습니다. 페이지 순서가 자주 바뀔 땐 숫자 대신 장식으로 대체하기도 하죠

페이지 제목

페이지 제목입니다. 20자 이내로 적어주는 것이 좋습니다.

선택사항입니다. 왼쪽의 무게감을 맞출 때 사용합니다.

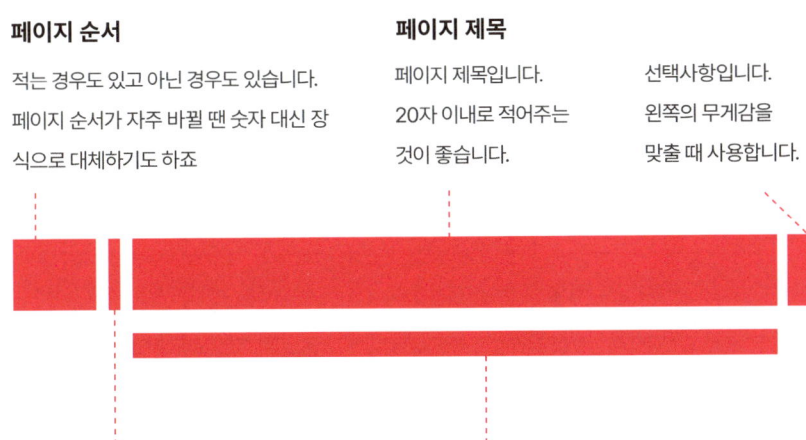

구분선

다양한 디자인 요소를 부여할 수 있습니다. 선, 여백, 면, 장식 등 작지만 도드라지는 요소죠.

스테이터스 메시지(Status Message)라고도 하는데, 부제목 정도로 생각하시면 좋을 것 같습니다. 주로 문장 형태이며, 페이지를 한 줄로 요약하는 역할을 합니다.

01   대제목과 중제목을 헤드영역 안에

01 | 이곳에 대제목을 이렇게 적어주는 것이지요.
아래에는 페이지 요약이나, 부제목으로 쓰이는 한두문장을 적어줍니다. 폰트 크기의 차이가 나야겠죠.

02   대제목과 중제목을 왼쪽 측면에

01

대제목을 왼쪽에
정렬하는 방법도
있습니다.

이럴 땐 부제목도
하단에 써줍니다.

03   페이지를 요약하는 방법

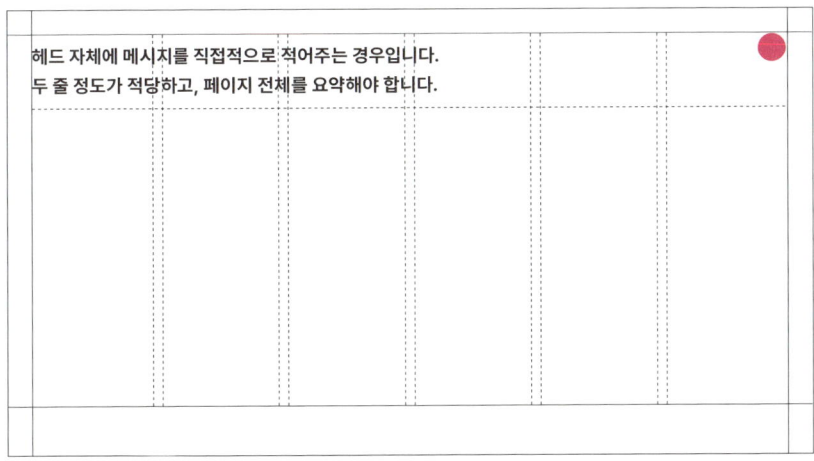

04   헤드에 집중해야 할 경우엔 박스를 치는 방법도.

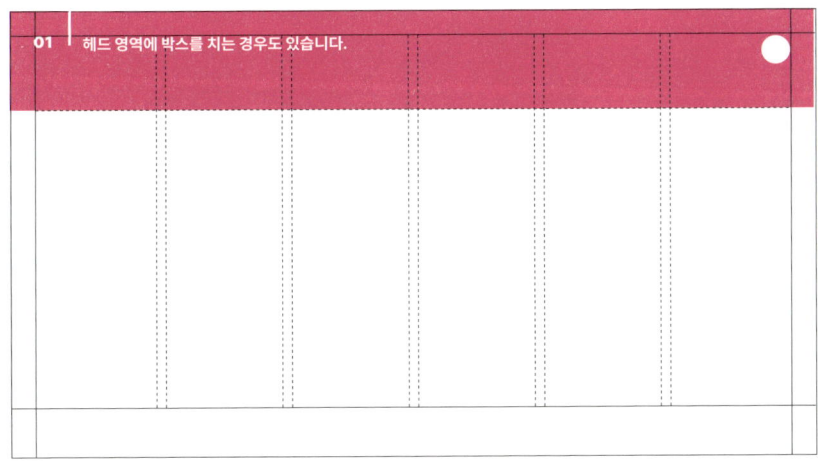

요소

소개서엔 머리만 들어가는 게 아니라, 네모, 세모, 원, 선, 그래프, 표 등 각종 요소들이 들어가요. 물론 완전히 이들을 똑같이 통일하는 건 제약이 많지만, 그렇다고 너무 들쑥날쑥하면 전체 장표의 통일감이 사라져요. '정신 사납다'라는 평을 들을 수 있죠. 그래서 기본적인 규칙들을 정하고 넘어가는 것이 좋답니다.

사각형

가장 많이 쓰이는 요소가 사각형입니다. 주로 내부에 내용이나 단어가 들어가겠죠. 사각형의 모양을 사전에 잡아놓고 시작하면 꽤나 안정적인 디자인을 구현할 수 있어요. 많이 쓰이는 만큼 통일감에 큰 영향을 주거든요.

원

원도 사각형 만큼이나 중요한 요소입니다. 우리 브랜드에 맞는 장식 요소나 채색을 해보세요. 물론 꼭 한 가지 스타일로 통일할 필요는 없습니다. 하지만 2, 3가지 종류의 템플릿을 만들고 어디에 어떻게 사용할 건지 정해놓는 것이 좋아요. '일반적인 스타일'과 '강조하는 스타일' 이런 식으로 말이죠.

디자인회사에선 레이아웃이나, 구체적인 효과까지 세밀하게 잡지만 우린 그렇게 하지 않도록 해요. 간단한 선과 도형의 규칙 그리고 그래프와 표의 규칙 정도를 잡아보아요. 이게 있고 없고의 차이가 매우 크답니다. 협업을 할 때도 마찬가지죠.

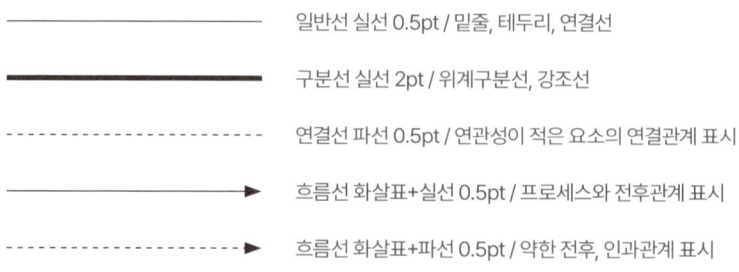

색의 규칙을 정해요.

표의 규칙을 정해요.

	Factor 01	
	Factor 01	Factor 04
	Factor 02	Factor 05
	Factor 03	Factor 06

카테고리엔 포인트2 컬러
테두리선은 1pt 선
내부선은 0.5pt 실선
세로 구분선은 0.5pt 실선
내부요소는 가로선만 유지
요소 간 충분한 여백 부여

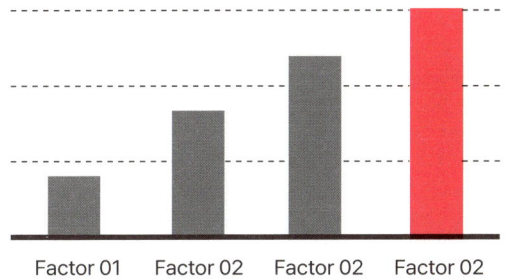

하단 기준선은 2pt 실선
강조 지표는 포인트1 컬러
일반 지표는 보조색 사용
가로선만 활용
지표 보조선은 0.5pt 파선

스토리 구성방식 선정하기

스토리와 플롯이 있습니다. 스토리는 시간이나 인과관계 순서대로 작성한 내용이에요. 서사라고도 하죠. 플롯은 이러한 스토리에 일정한 논리를 부여해 새롭게 구성한 흐름을 말해요. 스토리에 비해 좀 더 다양한 극적 긴장감과 흥미를 전달하죠. 플롯은 종류가 너무나도 많습니다. 하지만, 제가 소개서를 만들다보니 대표적인 몇 개의 플롯이 있더라구요. 그걸 10가지로 정리해 봤습니다. 물론 여러분의 브랜드 특성과 소개서의 제작 목적에 따라 플롯 구성은 천차만별로 달라질 거예요. 하지만 어떤 읽는 사람에게 어떤 감정과 액션을 유도하고 싶은지, 그러기 위해선 어떤 구성을 하는 것이 좋을지 판단하는 기준이 되어줄 거예요.

차근차근

시장과 기술설명, 예시, 작동원리부터 차근차근 소개하는 방식입니다. 특히 소개서를 읽는 대상이 여러분의 비즈니스에 대해 생소할 때, 또는 대략은 알고 있지만 우리의 특장점을 어필하고 싶을 때 자주 쓰이는 방식이죠. 보통 이런 경우엔 먼저 용어에 대한 정의와, 현재 동향이 어떤지, 이것이 어떤 원리와 같은지, 그래서 무엇이 좋은지, 당신에게 어떤 도움이 되는지. 이렇게 큰 개념부터 작은 개념으로 구체화해야 됩니다.

용어를 먼저 정의해주고, 사람들이 알고 있을 법한 개념으로 예시를 들어줍니다.

현재 시장 상황을 말해줍니다. 특히 투자자에게 말하는 경우라면 더욱 자세히 말해요!

제품이나 서비스의 작동원리를 설명합니다. 인풋은 무엇이고, 아웃풋은 무엇인지 명확히.

그중 여러분은 어떤 부분에 강점이 있는지 확대하여 강조합니다.

여러분이 지닌 강점이 시장의 니즈와 맞닿아있어야 얘기가 자연스러워집니다. 연결!

우리의 강점이 소비자들의 삶을 어떻게 개선시키는지(B2B 라면 어떤 이득이 있는지)

불안해할만한 요소들에 대한 답을 주는 것도 방법입니다.(안전성, 인증, 유해성 등)

속시원한 공감

이게 불편하셨죠? 우리가 해결했습니다!! 이제 더이상 고민하지 마세요! 이런 식의 전개죠. 보통 이런 전개가 성공하려면 여러분이 말하려고 하는 '불편함'을 대다수가 공감하고 있어야 합니다. 또한 그에 대한 해결책도 납득이 가야만 하죠. 어쩌면 소비자들은 그 불편함을 해결하기 위해 이런저런 방법들을 많이 사용해 봤을지도 모릅니다. 피로감이 있을 수도 있죠. 사이다 공감을 끌어내려면 해결책이 꽤나 심플하고 직관적이어야 합니다. 세탁이 힘들다? 그럼 우리가 해줄게. 이런 식으로 말이죠.

| 불편함, 문제점에 대한 공감대를 먼저 이끌어내야 합니다. 여기서 실패하면 말짱 꽝이죠. |

▼

| 우리는 왜 이 문제들을 참아왔는지 설명합니다. 또는 다양한 방식을 시도해봤다는 것도. |

▼

| 우리 또한 이런 불편함에 주목했고, 그래서 이걸 이렇게 풀어보기로 했다! |

▼

| 이를 통해 무엇이 어떻게 개선되는지 아주 직관적으로 보여줍니다. |

▼

| 그리고 실제의 사례나 근거를 들어 공신력을 더합니다. |

▼

| 가입이나 이용방법도 단순해야 합니다. 진행 프로세스를 명쾌하게 보여줍니다. |

▼

| 아주 일상적이고 구체적인 제안 사항으로 달라진 일상을 그려줍니다. |

위로와 공감

'얼마나 힘드셨어요'를 주요 모티프로 활용합니다. 당연히 뭔가가 힘들었을 사람들을 주요 타겟으로 삼고 있겠죠? 빠르게 생각해 볼 수 있는 타겟은 육아에 지친 부부, 어떤 보험을 들어야 할지 모르는 사람들, IT에 불편함을 겪는 어르신 등이 있겠네요. 인간적인 감정에 호소하는 문장들이 주를 이루는 데 이때 조심해야 할 것은 '구구절절'이 되지 않도록 분명한 문제와 정확한 공감 포인트를 잡는 것입니다. 자칫 문제 정의가 잘못되면 역효과가 날 수도 있어요.

| 특정한 상황을 들어줍니다. 타겟이 명확하고 이벤트가 정확할수록 좋아요. |

▼

| 그 상황에서 고객이 느끼는 불편함과 힘듦을 묘사해줍니다. 맞아맞아, 할 수 있어야 해요. |

▼

| 고객들의 그 불편함은 사실 무엇 때문이었고, 이것이 개선된다면 얼마나 좋아질까…언급! |

▼

| 그리고 실제로 그것이 벌어졌습니다!(우리가 그것을 개선한 것이지요.) |

▼

| 우리의 상품(서비스)을 통해 당신의 삶이 어떻게 달라질 수 있는지 보여줍니다. |

▼

| 실제로 이 변화를 체험한 사람들의 이야기, 작동원리, 주요기술 등을 설명합니다. |

▼

| 부가기술에 대한 언급은 줄입시다. 서비스의 핵심에 방점을 주어야 합니다. |

할 말만 정확히

서비스나 제품이 매우 분명하고 아주 좁은 영역의 솔루션을 제공할 경우 이런 스토리 구조를 사용할 수 있습니다. 이 방식은 우리가 누구인지 재빠르게 밝히고 무슨 일을 하는지에 집중합니다. 우리의 서비스 또는 제품 자체가 우리를 정의할 수 있죠. 예를 들어 세제 없이 빨래가 가능한 빨래망을 판매하고 있어요. 또는 웹서핑하다가 찾은 자료들을 한 곳에 모을 수 있는 아카이빙 서비스를 제공하고 있어요. 이처럼 특징과 용도가 명확한 경우엔 설명이 짧아지고, 시연 및 사용법을 위주로 장표가 구성될 수 있습니다.

```
┌─────────────────────────────────────────────┐
│ 우리는 어떤 사람들인지 브랜드 소개를 합니다.     │
└─────────────────────────────────────────────┘
                      ▼
┌─────────────────────────────────────────────┐
│ 우리가 무슨 일을 하는지 간결하게 직관적으로 소개합니다. │
└─────────────────────────────────────────────┘
                      ▼
┌─────────────────────────────────────────────┐
│ 어떤 문제를 해결하는지 Before/After로 간결하게 소개합니다. │
└─────────────────────────────────────────────┘
                      ▼
┌─────────────────────────────────────────────┐
│ 주요 기능과 부가 기능을 나누어 차근차근 소개합니다.   │
└─────────────────────────────────────────────┘
                      ▼
┌─────────────────────────────────────────────┐
│ 실제로 개선된 행위의 데이터가 있으면 좋습니다. 이런 스토리엔 숫자가 어울리죠. │
└─────────────────────────────────────────────┘
                      ▼
┌─────────────────────────────────────────────┐
│ 사용 시 주의사항, 신청방법 등을 정리합니다.       │
└─────────────────────────────────────────────┘
                      ▼
┌─────────────────────────────────────────────┐
│ 엔드메시지 한 줄 정도로 깔끔하게 끝냅니다! 이 스토리의 핵심은 짧고, 간결, 쿨하게! │
└─────────────────────────────────────────────┘
```

자랑이 많은 편

모든 소개서는 다 자신의 브랜드를 자랑하기 마련입니다. 하지만 이 스토리는 좀 특별해요. 굉장히 넘어서기 힘든 대체불가한 특징이 존재하는 서비스일 때 주로 사용하죠. 비교 대상을 찾기 어려울 때, 그리고 문제해결보단 사치재에 가까울 때 이런 방식을 주로 사용합니다. 특히 이 방식은 제품 자체의 스펙을 강조하는 방식과, 명품 브랜드처럼 이 제품을 사용하는 당신의 삶이 완전히 바뀔 것이라는 정성적 메시지를 강조하는 방식으로 나뉩니다.

```
┌─────────────────────────────────────────────────────────────────┐
│ 도입부엔 보통 굉장히 감성적인 사진으로, 제품이나 서비스를 전면에 소개합니다. │
└─────────────────────────────────────────────────────────────────┘
                                  ▼
┌─────────────────────────────────────────────────────────────────┐
│ 누구를 위한 제품인지 규정해주면(그 타겟이 VIP일수록) 자랑이 웅장해집니다.    │
└─────────────────────────────────────────────────────────────────┘
                                  ▼
┌─────────────────────────────────────────────────────────────────┐
│ 스펙을 나열합니다. 애플 제품 상세페이지의 느낌에 가깝겠네요.                │
└─────────────────────────────────────────────────────────────────┘
                                  ▼
┌─────────────────────────────────────────────────────────────────┐
│ 단순히 스펙이 좋다, 라기 보단 이게 당신의 시간과 에너지를 아껴줄 것이라는 느낌으로. │
└─────────────────────────────────────────────────────────────────┘
                                  ▼
┌─────────────────────────────────────────────────────────────────┐
│ 여기서 스펙의 비교대상은 타사 제품이 아닙니다. 우리의 전 버전과 비교해야죠.    │
└─────────────────────────────────────────────────────────────────┘
                                  ▼
┌─────────────────────────────────────────────────────────────────┐
│ 따라올 수 없는 특별한 기술이 있어야 합니다. 장인정신, 세계 최초개발 등…     │
└─────────────────────────────────────────────────────────────────┘
                                  ▼
┌─────────────────────────────────────────────────────────────────┐
│ 이런 제품은 고가일수록 매력적입니다. 금액을 당당히 오픈하는 것도 방법입니다.   │
└─────────────────────────────────────────────────────────────────┘
```

문제의 재정의

두 가지 방식이 있습니다. 통념에 반기를 들거나, 물음표에 답하거나. 전자는 예를 들어, 우리가 일회용품을 줄이기 위해 텀블러를 사용하잖아요. 그런데 텀블러가 환경오염을 더 시킨다는 아젠다를 던지는 것이죠. 사람들이 기존에 알고 있던 통념과 지식을 깨부수고 새로운 대안을 제시합니다. 물음표를 던지는 방식은 원인을 잘 모르는 이슈에 명쾌한 답을 주는 것입니다. 왜 이렇게 피곤하고 아침에 찌뿌둥하지?… 사실 원인은 침대 때문이었다! 우리 침대는 다르다. 이런 식으로 말이죠. 사람들의 의구심에 도전해야 하기 때문에 자신감과 근거가 매우 중요한 스토리라인입니다.

| 사람들이 평소에 겪고 있는 문제를 언급해줍니다. |

▼

| 그리고 보통의 통념이나 지식을 말하고 거기에 의문을 던집니다. |

▼

| 우리가 규정한 해결책을 짜잔! 하고 선보입니다. |

▼

| 여기에는 충분한 근거 자료와 데이터가 필요해요. 기존 통념을 깨는 것은 쉽지 않거든요. |

▼

| 타사 제품과 비교하는 것이 아니므로, 사람들의 실제 코멘트나 추천이 중요합니다. |

▼

| 상담이나 무료체험 등 낮은 장벽으로 경험할 수 있는 프로모션이 있으면 더 좋아요! |

▼

| 문제를 계속 가지고 살 건지, 새로운 방법으로 해결을 해볼 건지… 선택지를 주고 마칩니다. |

비교우위

비교 대상이 매우 명확하거나, 기존 업계의 부조리함과 비교해야 특징이 강조될 때 사용합니다. 예를 들어 여러분이 영상편집 플랫폼을 운영한다면 기존의 영상편집의 비효율과 수수료 문제를 언급하며 우리의 특징을 부각시킬 수 있는 것이죠. 또는 같은 종류의 사업을 하는데 상대에 비해 우리의 브랜드 인지도가 낮을 때 사용할 수 있기도 합니다. 하지만 너무 네거티브로 가면 역효과가 날 수 있으니 상대를 깎아내리기보단 우리 특징을 강조하는 데 집중해야 합니다.

```
┌─────────────────────────────────────────────────────────────────┐
│ 우리 브랜드를 소개합니다. 브랜드 철학에 대한 맥락이 있어야 뒤 내용에 힘이 실려요. │
└─────────────────────────────────────────────────────────────────┘
                                  ▼
┌─────────────────────────────────────────────────────────────────┐
│ 누구를 위한 제품인지 규정해줍니다. 또는 그런 상황을 정의 내려 줘야 해요. │
└─────────────────────────────────────────────────────────────────┘
                                  ▼
┌─────────────────────────────────────────────────────────────────┐
│ 이때 고객이 선택할 수 있는 선택지를 제시해 줍니다. 3가지 정도가 좋겠죠. │
└─────────────────────────────────────────────────────────────────┘
                                  ▼
┌─────────────────────────────────────────────────────────────────┐
│ 우리 제품을 사용하면 무엇이 좋은지 구체적인 장점을 말해줍니다. │
└─────────────────────────────────────────────────────────────────┘
                                  ▼
┌─────────────────────────────────────────────────────────────────┐
│ 고객의 상황을 고려해 우리 제품이 가장 잘 어울릴만한 사람/상황을 좁혀줍니다. │
└─────────────────────────────────────────────────────────────────┘
                                  ▼
┌─────────────────────────────────────────────────────────────────┐
│ 당신이 이러이러한 상황이라면 반드시 우리와 함께해야 현명한 거라고 인지시켜 줍니다. │
└─────────────────────────────────────────────────────────────────┘
                                  ▼
┌─────────────────────────────────────────────────────────────────┐
│ 어떻게 함께할 수 있는지 가볍고 빠른 느낌의 프로세스를 함께 언급해줍니다. │
└─────────────────────────────────────────────────────────────────┘
```

리스트

우리 비즈니스가 아주 다양한 기능들이 있고, 고객들에 따라 다르게 변형될 수 있을 때 사용합니다. 예를 들면 여러분이 API 서비스를 제공하고 있고, 고객에 따라 커스터마이징을 할 수 있다거나, 식음료 제품을 출시했는데 고객에 따라 다른 제품을 제안해야 할 경우 등이 있겠죠. 보통 이런 케이스는 '제품소개서' 느낌으로 많이 만들어지더라구요. 페이지 수가 많고, 고객 입장에선 '당장 필요하지 않은' 정보가 될 수 있어서 타겟을 명확하게 정한 뒤 타겟에 맞는 페이지만 선별하여 소개서를 전달하는 것이 좋습니다.

```
[챕터1]은 브랜드를 소개하고 정체성을 이야기합니다.
            ▼
그리고 우리가 다루는 제품/서비스를 한 눈에 보여주는 서머리 장표가 있습니다.
            ▼
주요 고객과 어떤 문제에 도움을 줄 수 있는지 정의내려 줍니다.
            ▼
주요 특장점을 간추려 소개하거나, 팀원 페이지가 들어가기도 합니다.
            ▼
[챕터2]에선 제품의 기능을 쭈욱 나열합니다.
            ▼
도입 프로세스나 가격, FAQ 등을 넣습니다.
            ▼
스스로 변화된 모습을 상상할 수 있게 만들어줍니다. 엔드메시지를 넣고 마무리!
```

신뢰중심

신뢰가 매우 중요한 섬세한 기능, 금융, 아동용품 카테고리에 많이 씁니다. 추천의 영향이 매우 강하거나, 제품/서비스 자체의 신뢰도가 높아야 이용률이 높아지는 서비스에 적합합니다. 몸에 직접 착용하는 제품이나, 건강기능식품, 의료기기 등도 마찬가지겠죠. 보통 이런 상품들은 보수적이라서 한 번 선택하면 쉽게 바꾸기 어렵습니다. 때문에 신뢰성에 더해 분명한 특장점을 보여줄 수 있는 수치들을 선택하는 것이 관건이죠.

| 브랜드 소개가 가장 먼저 나올 겁니다. About us, Story, What we do 같은 거. |

▼

| 우리 비즈니스에서 가장 중요한 부분이 무엇인지 상기시켜 줍니다. 보안, 안전, 유해성 등. |

▼

| 반대의 경우. 즉, 그것들이 지켜지지 않았을 때의 경우를 보여주기도 합니다. |

▼

| 우리는 이 문제를 어떻게 해결했는지 보여줍니다. 그리고 그게 어떤 원리로 작동하는지도. |

▼

| 그래서 고객들이 불안해하는 지점이 해결된 데이터나 증거를 보여줍니다. |

▼

| 이 부분이 해결된 후 부가적인 기능들을 더 소개할 수 있습니다. |

▼

| 마지막으로 한번 더 경각심을 줄 수 있는 메시지와 개선된 생활을 그려주며 마칩니다. |

스토리텔링

가족 중에 누군가가 극심한 아토피를 앓고 있어서 개발한 바디크림이라거나, 살던 집에 어떤 문제가 있어서 고치다가 만든 아이템이라거나, 여행지에서 겪었던 난감한 일 때문에 시작하게 된 사업 등. 에피소드가 중심이 되며 어떤 문제를 해결하려고 했는지 아주 명확하고 좁은 비즈니스에 자주 쓰이는 형태입니다. 제품, 서비스의 제작 동기와 창업 스토리 자체에 철학이 녹아있고 임팩트가 있어야 하죠. 이런 스토리텔링형 소개는 빠른 공감대와 명확한 상황 제시로 비즈니스의 당위성을 쉽게 부여할 수 있습니다. 대신, 클라이언트 상황에 어떤 도움을 줄 수 있는지 잘 설명해야겠죠.

스토리부터 꺼내면 너무 길어집니다. 우리가 뭘 하는지 상품/서비스부터 먼저 보여줍니다.

▼

그리곤 이게 시작된 스토리를 쭈욱 풀어줍니다. 1,2페이지 이내가 좋겠어요.

▼

몇 번의 개선과 업데이트를 거쳐 현재의 완성품이 탄생했다는 히스토리도 좋습니다.

▼

그리고 실제로 사람들의 반응이 이렇게 좋았다는 지표를 보여줍니다.

▼

실제로 기존의 것에 비해 무엇이 좋은지, 생각지도 못했던 포인트가 어떻게 개선되는지.

▼

도입 프로세스나 가격, FAQ 등을 넣습니다.

▼

스스로 변화된 일상의 모습을 상상할 수 있게 만들어 줍니다. 엔드메시지를 넣고 마무리!

03 MAKING
한 장 한 장 알려주는 페이지 제작법

브랜드의 메시지를 전달하는 방법
(Message)

이번 장엔 회사소개서의 앞 부분에 주로 위치하는 메시지들에 대해 알아볼 것입니다. 회사의 창립스토리, 슬로건, 미션, 비전, 페인 포인트와 솔루션 등 회사가 소비자들에게 하고 싶은 말들을 담은 장표입니다. 메시지 파트는 글과 이미지가 많이 사용된답니다. 때문에 많은 클라이언트 분들이 회사소개 문구나 우리 회사 서비스/제품을 글로 표현하는 데 어려움을 겪곤 하셨어요. 소개서를 쓰기 위해 갑자기 글을 쓰려고 하면 매우 힘듭니다. 브랜드 소개 문구는 길이별, 상황별, 청자별로 미리 써두어 템플릿으로 만들어 놓는 것이 좋아요. 장표에 삽입될 이미지들도 미리미리 포토그래퍼에게 부탁하여 멋지게 찍어놓는 것이 좋죠.

슬로건

슬로건은 브랜드 정체성을 함축한 한 문장을 적어요. 예를 들어 나이키의 Just do it 이나, 삼성의 '미래 사회에 대한 영감, 새로운 미래 창조' 등과 같은 문장들이죠. 슬로건은 다른 콤포넌트와 달리 독립적으로 쓰는 경우가 많습니다. 슬로건은 보통 10자 내외로 이루어져 있습니다. 운율이나 라임을 맞춰 리듬감을 주기도 하죠. 저는 가급적 슬로건에 '1음절' 단어는 지양하는 편입니다. '또, 그, 이, 한' 이런 단어들 말이죠. 리듬감을 해치고 시선을 끊어놓거든요. 슬로건을 쓸 땐 이미지와 함께 쓰는 경우와 텍스트만 독립적으로 쓰는 경우가 있습니다. 보통 슬로건은 추상적이기 때문에 이미지는 그 의미를 부연설명하는 역할을 하죠. 다소 직관적인 메시지라면 이미지 없이 텍스트를 독립적으로 써도 좋습니다.

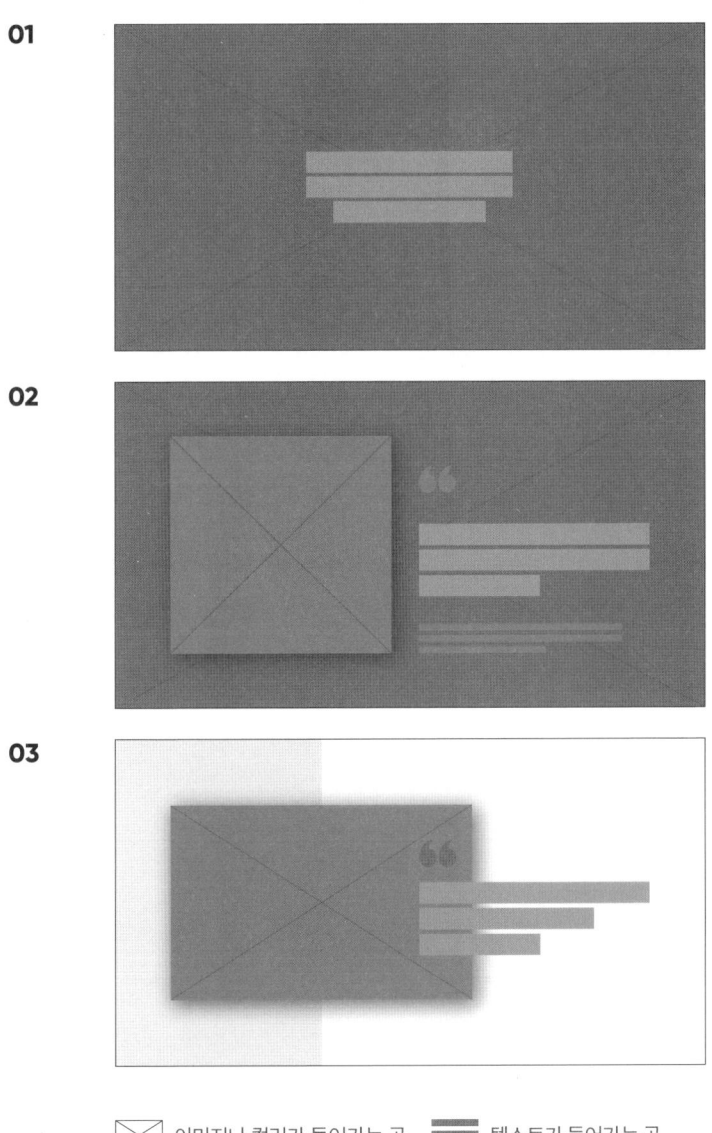

브랜드 소개문구

여긴 500자 내외의 브랜드 소개 문구입니다. 할 말이 많다면 이곳에 상세한 이야기를 풀어주도록 합니다. 눈물 쏙 빼는 스토리텔링을 해도 좋습니다. 원한다면 이 부분을 CEO 인사말로 대체해도 좋습니다. 브랜드를 대표할 수 있는 사진도 함께 사용해 주도록 합시다. 1, 2장 정도가 적당합니다. 사진과 글은 깔끔하게 정리할 수도 있지만, 좀 더 과감한 레이아웃으로 배치해봐도 좋습니다.

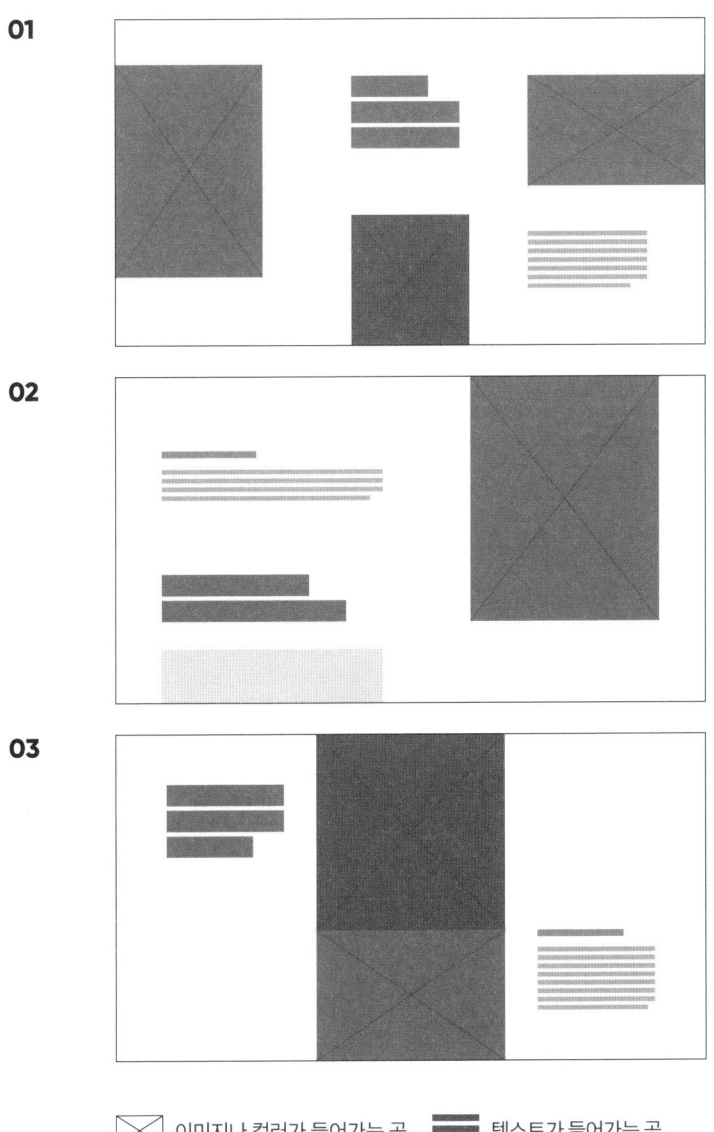

창업동기, 브랜드 스토리

어릴 적 동생의 아토피를 보고 창업 결심을 했다거나, 사랑하는 강아지를 떠나보내고 창업을 다짐했다는 등, 창업의 동기나 근거가 될 스토리들이 있다면 여기에 적어줍니다. 이 부분은 비즈니스 영역에 따라 좀 달라질 수 있을 것 같아요. 사연보단 문제에 집중한 아이템도 있을 테니까요. 감정적인 공감을 일으키고 싶을 때 이런 장표를 주로 사용합니다. 디자인 자체는 앞에 '브랜드 인트로덕션'과 비슷합니다. 여긴 제목과 줄글로 적는 경우가 많습니다. 그리고 적당한 이미지 1~2개가 필요하죠. 줄글이 너무 길어져선 안됩니다. 아무리 길어도 200자 이내를 권장합니다.

01

02

03

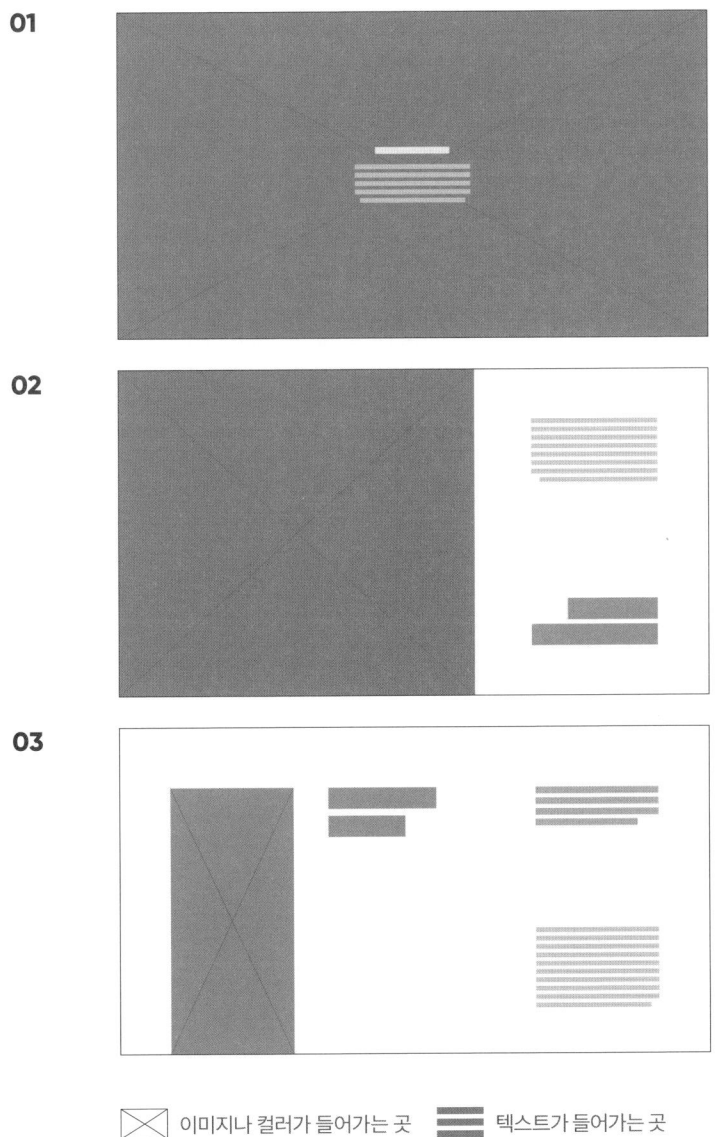

⊠ 이미지나 컬러가 들어가는 곳   ≡ 텍스트가 들어가는 곳

페인 포인트

여기에선 '모티베이션'과는 달리 정확히 우리가 해결하고자 하는 문제가 무엇인지 규정합니다. 일반적인 소개서에서는 페인 포인트나 솔루션을 '공감 요소' 등으로 풀어주지만 대부분 우리가 만드는 소개서는 B2B제안 용도가 많을 것입니다. 클라이언트가 느꼈을 현실의 문제를 3가지 정도로 정리해 말해줍니다. 실현 가능한 부분만 구체적으로 잡습니다. 이곳이 너무 방대해지면 뒷부분을 감당하기 힘드실 거예요. 페인 포인트에서 3개를 말했다면 솔루션에서도 이걸 모두 해결해줘야 합니다. 디자인도 콤포넌트를 3개로 쪼개놓은 방식을 주로 활용합니다. 여기에서 각각의 포인트마다 '사진'과 '설명 텍스트'가 있다는 전제입니다.

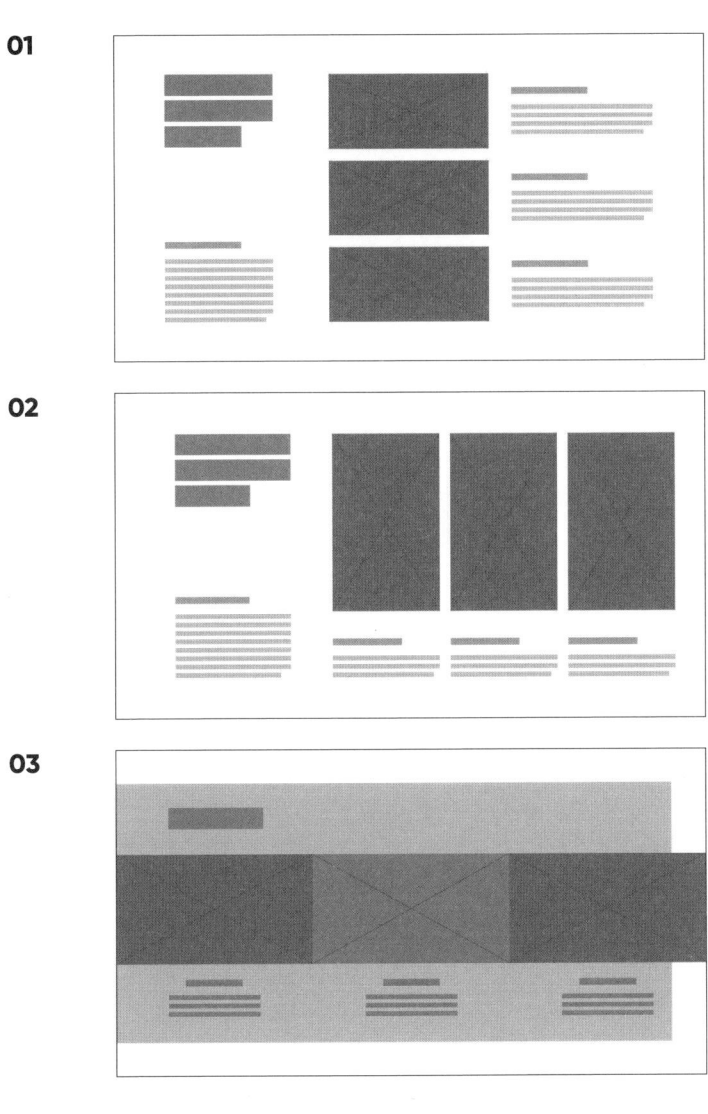

서베이 결과

페인 포인트를 증명해 줄 설문, 조사, 통계입니다. 업데이트가 필요하니 체크해두세요. 여기서 중요한 건 우리가 작성한 글과 자료가 서로 결이 맞아야 한단 점입니다. 글은 A를 이야기하는 데 자료는 다른 얘기를 해선 안되겠죠.

1) OO하는 사람 수 증가
2) 어려움 호소
3) 그 원인은 이것

이런 식으로 자료도 논리와 서사를 지니고 있어야 합니다. 특히 장표에선 줄글로 장황하게 설명할 수 없기 때문에 그래프나 도표 자체가 메시지가 되어야 합니다. 보여주고자 하는 데이터만 선별하여 강조해야 하죠. 이외의 지표들이 핵심지표의 가시성을 해치지 않도록 주의합니다.

01

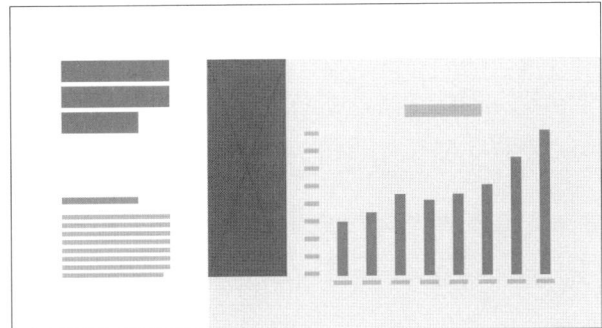

02

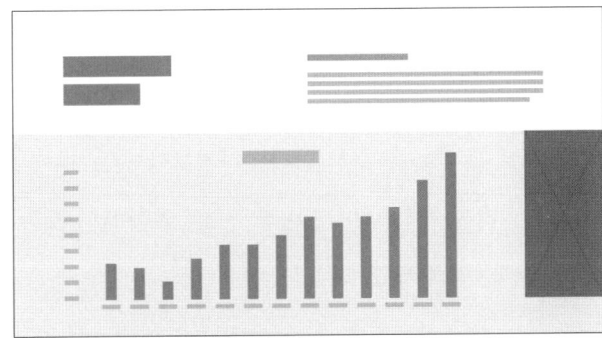

03

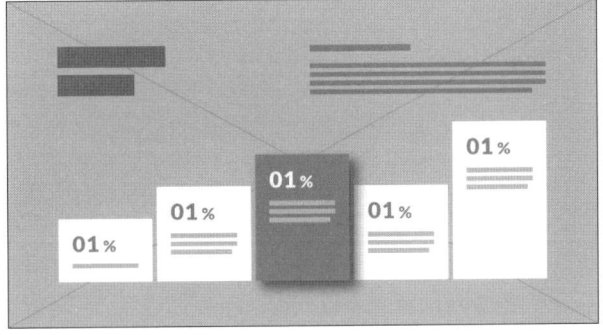

⊠ 이미지나 컬러가 들어가는 곳   ≡ 텍스트가 들어가는 곳

스테이터스

서베이가 커뮤니케이션의 결과라면 스테이터스는 관찰의 결과입니다. 서베이가 묻고 듣고 따라다니면서 찾아낸 데이터라면, 스테이터스는 지표의 상승, 하락, 증가, 감소 등 변화의 추이를 밝혀주는 그래프입니다. 소개서를 만들 땐 데이터가 명확해야 하니 일부러 구분해 보았습니다. 장표의 구성자체는 서베이 결과와 크게 다르지 않습니다만, 현재 상태값을 보여주는 만큼 포인트 수치들이 강조되는 경우가 많습니다. 오른쪽에 보시는 것처럼 큼지막한 핵심수치들이 도표나 텍스트 설명과 함께 적혀있습니다. 이 때도 마찬가지로 무작위로 수치를 나열하기보단 말로 설명할 때의 순서와 일치하도록 논리에 따라 위에서 아래, 또는 왼쪽에서 오른쪽으로 시선의 흐름에 따라 배치해주세요.

01

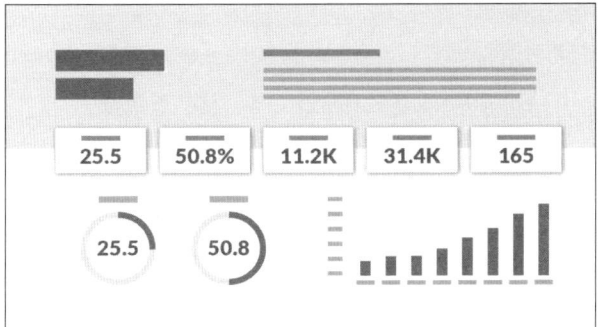

02

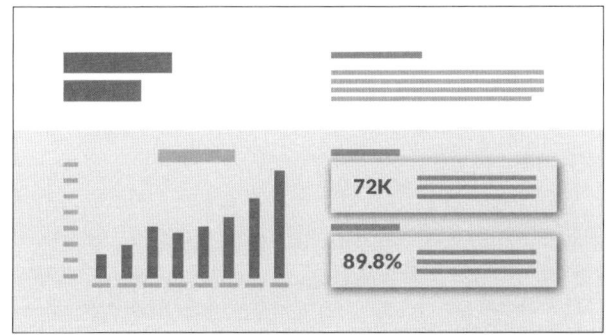

03

 이미지나 컬러가 들어가는 곳　　　텍스트가 들어가는 곳

솔루션 포인트

페인 포인트가 3개면 솔루션도 3개입니다. 흔히 실수하는 게 페인 포인트에서 떡밥을 던져놨는데 솔루션에서 회수를 못하는 경우예요. 각 페인 포인트와 1:1 대응해서 어떻게 해결할지 정리합니다. 만약 문제는 3개인데 하나의 솔루션으로 모두 해결할 수 있다면 각각의 문제가 어떻게 해결되는지 우리 솔루션으로 모두 설명이 되어야 합니다. '그냥 이거 하나면 끝!'이란 식의 메시지는 신뢰도를 무너뜨리고 말죠.

브랜드 이미지

우리 브랜드를 한 장으로 보여줄 수 있는 키 비주얼(Key visual)이나 추상적인 사진, 또는 제품, 건물, 팀원 전체, 사무실 등의 이미지를 의미합니다. 보통 이게 잘 없어요. 조금 수고롭더라도 꼭 하나쯤 찍어놓으셨으면 좋겠어요. 브랜드 이미지는 계속 쓰는 재료입니다. 보통 표지나 배경 등에 많이 쓰여요. 일관된 이미지는 꽤나 정돈된 느낌을 선사합니다. 흑백이면 흑백, 상반신이면 상반신, 발랄한 분위기나 코스튬 컨셉 등을 맞춰놓으면 그것만으로도 매우 일관성있는 브랜드 이미지를 줄 수 있습니다.

01

02

03

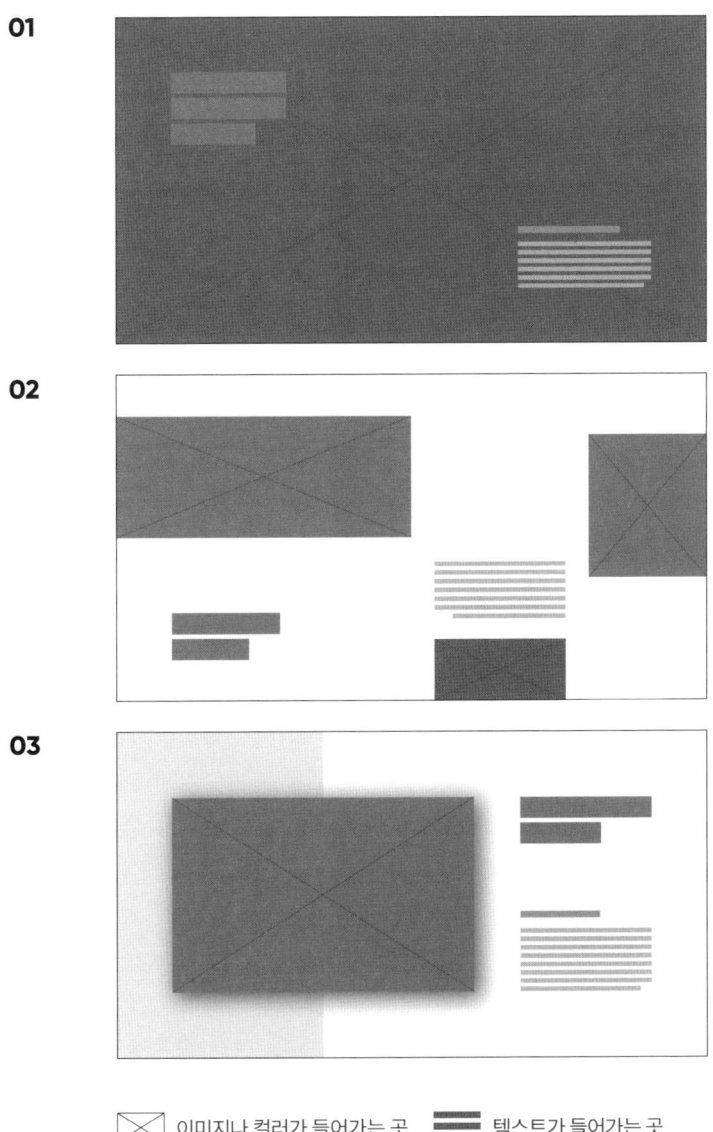

⊠ 이미지나 컬러가 들어가는 곳   ≡ 텍스트가 들어가는 곳

브랜드 철학

우리의 철학이 꽤나 독특하다. 특히 사회적인 영향력, 문제 해결 등에 초점을 맞춘 비즈니스들은 이런 철학 부분에서 할 말이 많을 거예요. 예를 들어 파타고니아는 제품 디자인, 생산, 유통, 마케팅, 재무, 인사, 경영, 환경 8개 영역에 걸쳐서 철학을 명문화하고 있죠. 이때의 철학은 우리가 지켜야 할 것과 해야 할 것, 하지 말아야 할 것의 기준이 되어줍니다. 브랜드 철학을 명확히 보여주는 것만으로도 다른 브랜드와의 차별점이 됩니다. 또한 우리의 행위에 정당성을 부여하는 역할도 하죠. 브랜드 철학을 보여줄 수 있는 대표 사진이 하나 있다면 더욱 좋을 것입니다.

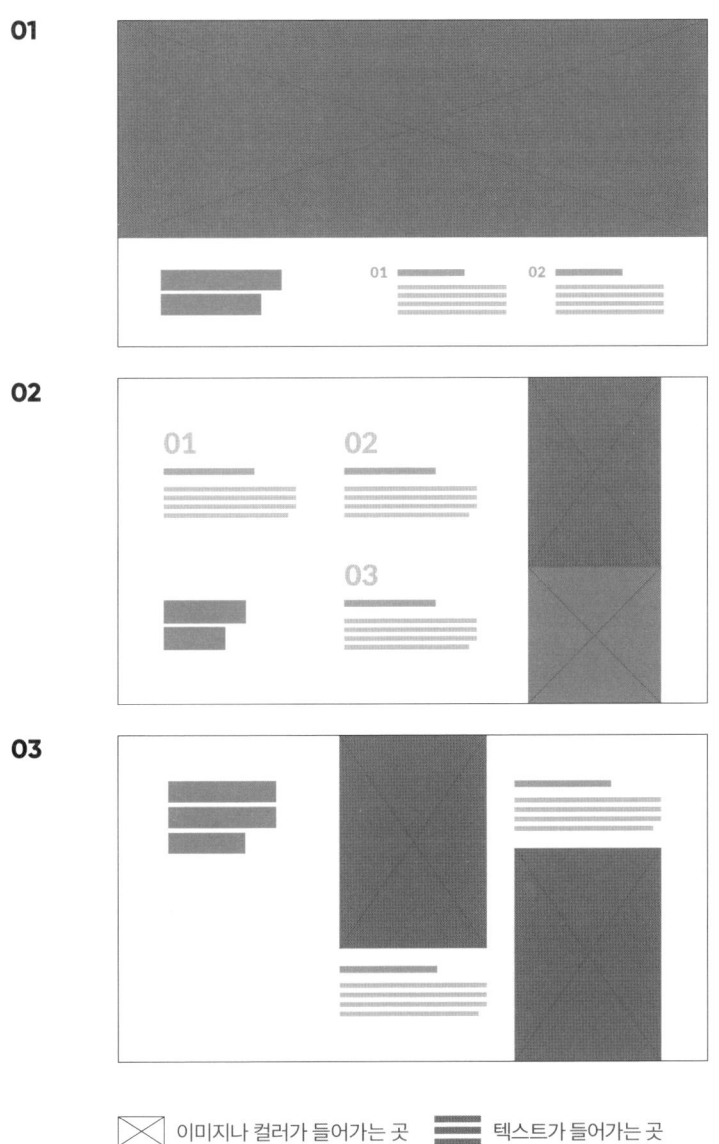

제작 스토리

단일 제품을 판매하거나, 요식업, 개인이 직접 만든 서비스 등 제작기 자체가 브랜드의 근간이 되는 경우라면 제작 스토리를 따로 정리해놓는 것이 좋습니다. 특히 펀딩을 통해 성장한 브랜드라면 이러한 '제작기'가 곧 브랜드의 근간이자 DNA가 되죠. 더불어 콘텐츠로도 훌륭한 재료입니다. 우리가 제품/서비스를 어떻게 제작했는지 그 진정성과 꼼꼼함의 과정을 직접적으로 보여줄 수 있죠. 주로 각 단계나 시간순으로 내용을 적어줍니다.

01

02

03

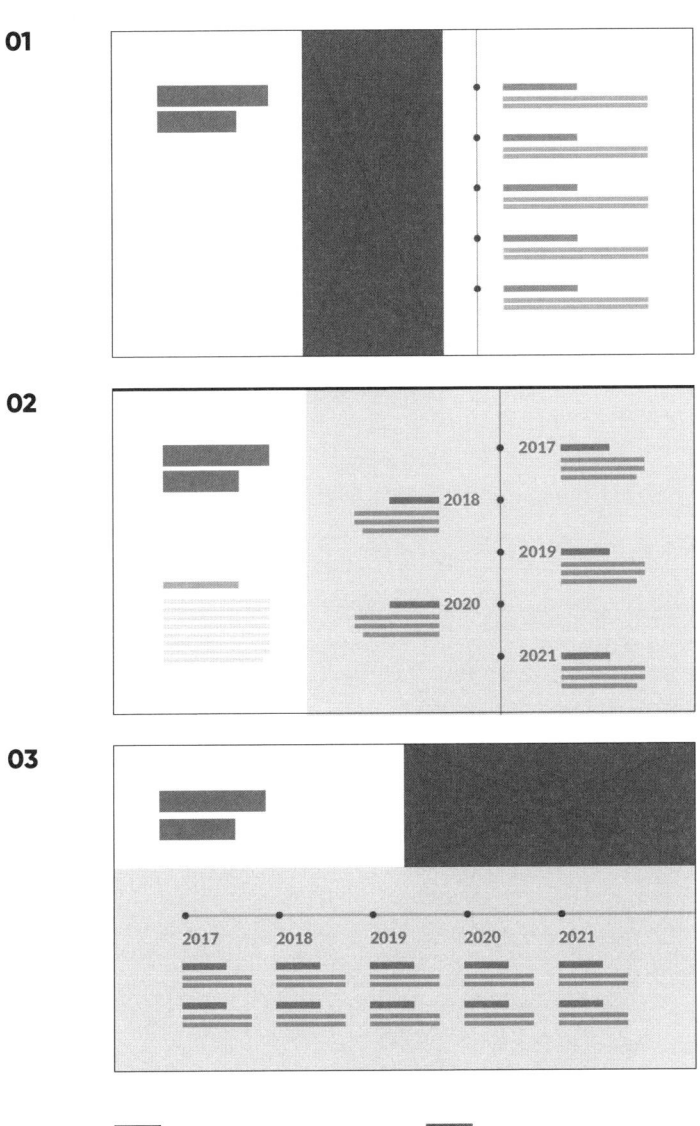

⊠ 이미지나 컬러가 들어가는 곳   ≡ 텍스트가 들어가는 곳

향후 계획

지금까진 주로 소개서의 앞부분에 위치하는 것들이었습니다. 이제부턴 소개서 뒷부분에 해당하는 것들이네요. 향후 계획은 주로 3~5개년까지의 성장 목표, 비전 등을 정리해놓은 컴포넌트입니다. 일직선에 3~5개 정도 점이 찍혀있거나 상승 그래프 등을 주로 활용하죠. 이런 장표는 일반적인 소개서에는 잘 쓰이지 않습니다. 주로 IR 용도로 많이 쓰이죠. 고객이 우리의 향후 계획을 알 필요 없으니까요.

01

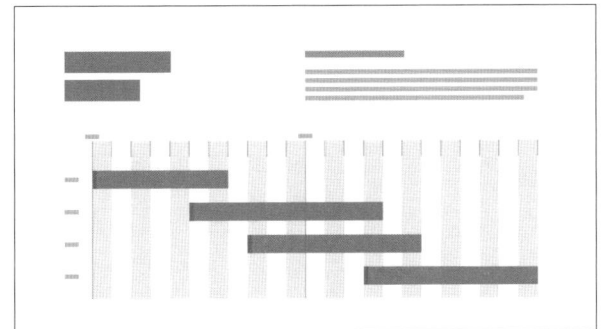

02

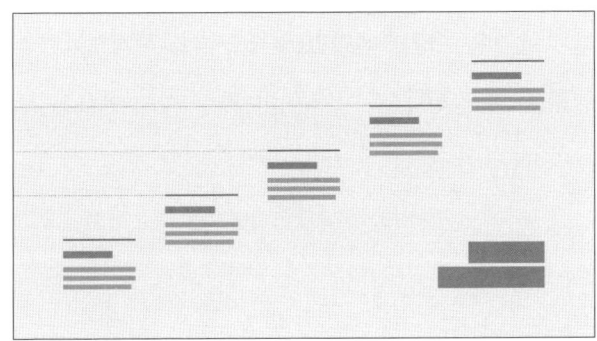

03

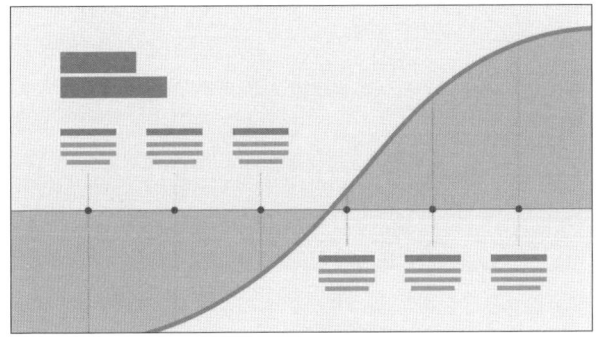

이미지나 컬러가 들어가는 곳   텍스트가 들어가는 곳

기대효과

이건 B2B용 소개서/제안서에 많이 들어가는 콤포넌트입니다. 무언가를 제안할 때는 '내가 뭘 줄 텐데 당신에게 어떤 점이 좋을 거야.'라는 걸 명확히 표현해 줘야 합니다. 기대효과도 텍스트 3가지 정도로 정리해 보면 좋겠습니다. 특히 기대효과는 상대방에게 매력이 있어야 하므로 클라이언트 입장에서 가장 구미가 당기는 요소가 무엇일지를 먼저 고려해야 합니다. 그리고 우리가 그것을 어떻게 전달할 수 있는지를 구체적이고 논리적으로 적어주어야 하죠. 단순히 '도움이 될거야.'라는 식의 멘트는 오히려 독이 될 수도 있습니다.

01

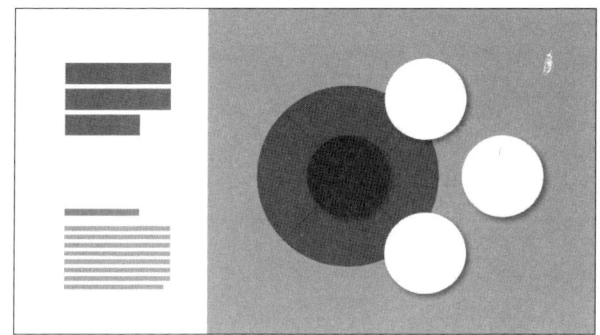

02

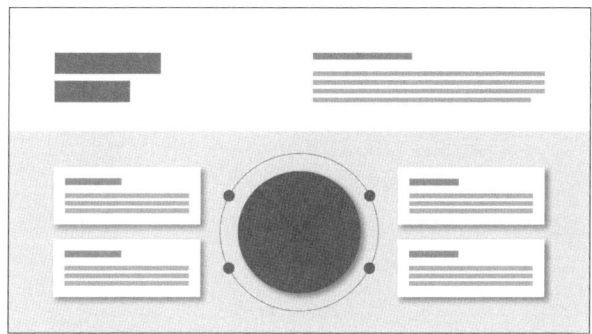

03

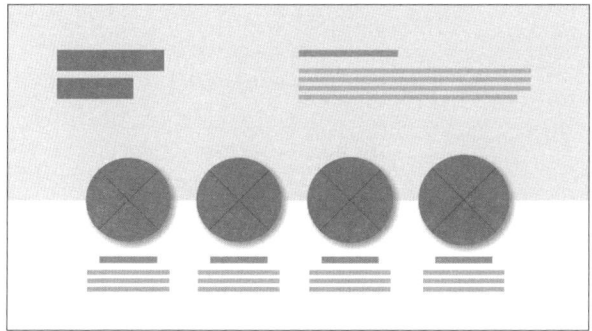

이미지나 컬러가 들어가는 곳   텍스트가 들어가는 곳

멤버 정보

멤버들의 출신 대학이나 커리어를 적는 경우가 많은데 사실 그것보단 직무와 담당 직무에 대한 대표 경력만 짧게 서술해서 정리하는 게 좋습니다. 멤버들 사진은 포토그래퍼가 일관된 컨셉으로 찍은 프로필 컷이면 좋을 것 같아요. 핸드폰 속 셀카는 그리 퀄리티가 좋아 보이지 않더라고요. 일관된 해상도와 배경, 컨셉을 만들어보세요. 새로운 멤버 사진은 꼭 집어넣고, 퇴사한 멤버 사진은 꼭 빼주세요!

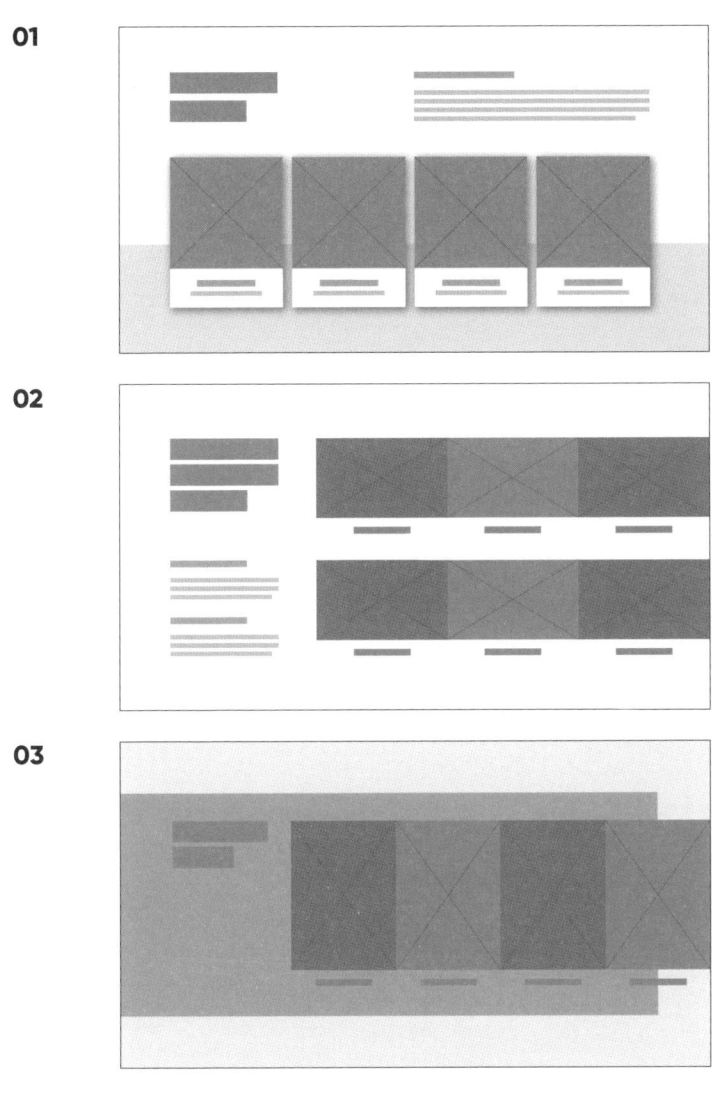

엔드 메시지

소개서 마지막엔 Thank you보다, 끝맺는 멋진 한 문장을 준비해 주세요. 슬로건과 궤를 함께합니다. 마지막에 상대방 마음 속에 임팩트를 줄 수 있는 한 문장을 배치해주세요. 소개서를 덮고 난 후 계속 생각나는 무언가를 선사해야 합니다. 땡큐로 한 페이지를 날리기엔 너무 아깝잖아요.

01

02

03

⊠ 이미지나 컬러가 들어가는 곳　≡ 텍스트가 들어가는 곳

컨택 포인트

컨택 포인트도 메일, 전화, SNS, 홈페이지, 팩스(요즘도 쓰나요?… 하지만 편견없이 적고 싶으니), QR코드 등을 정리해서 하나의 콤포넌트로 딱 만들어놓습니다. 컨택 포인트 페이지는 단순하게 여백에 정보만 적는 경우(주로 하단에 기재)와 이미지를 삽입하는 경우로 나뉘어질 수 있습니다.

01

02

03

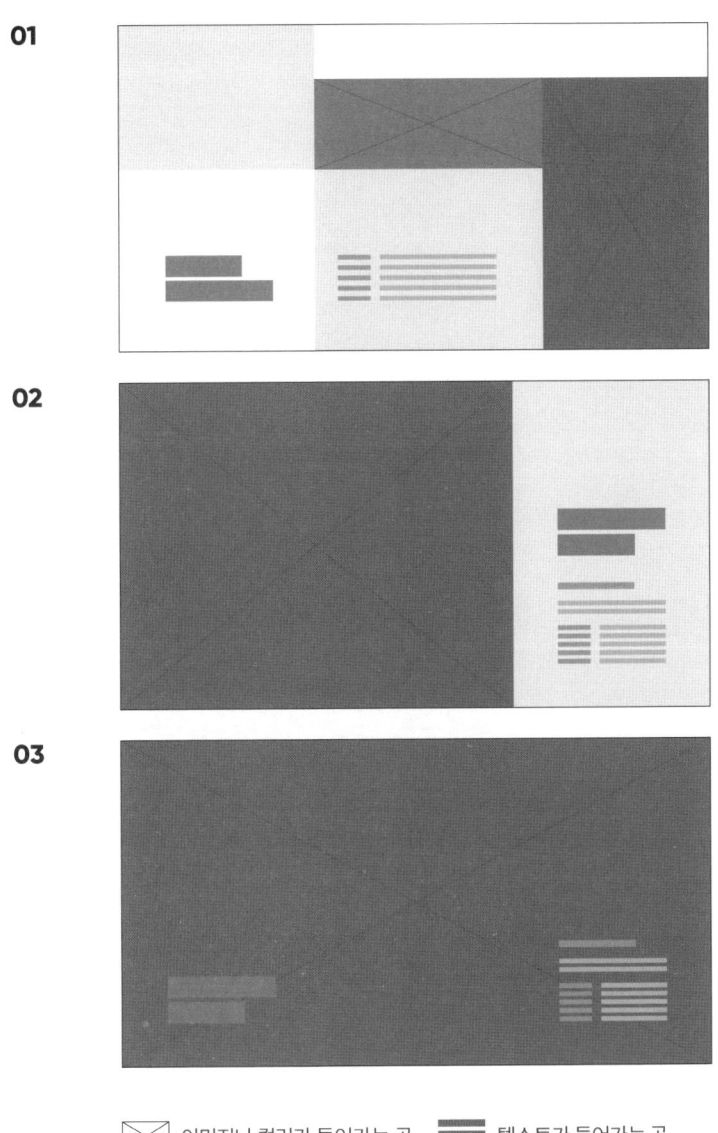

◻ 이미지나 컬러가 들어가는 곳   ▬ 텍스트가 들어가는 곳

정보를 전달하는 방법
(Information Layout)

회사엔 많은 정보들이 존재합니다. 회사 자체의 정보는 물론 사람, 제품, 시장, 기술 정보들이 집약되어 있죠. 소개서에 이 모든 정보를 나열하진 않습니다. 선별해서 보여줘야 하죠. 우리가 소개서를 왜 만들고 있는지 그 목적을 챕터1에서 잡았을 것입니다. 목적에 따라 우리가 보여줘야 할 정보의 종류도 달라집니다. 예를 들어 병원과 약국과 제휴를 위한 B2B 소개서를 발송하는데 '우리가 목표로 하는 시장'과 '팀 정보' 같은 게 필요하진 않겠죠. 우리의 신뢰도를 보여줄 성과나, 기술력, 서비스의 실제 구동영상 등을 넣는 것이 좋습니다.

지배 구조

지배 구조는 기업 경영에 참여하는 모든 주주, 경영진, 근로자 등 다양한 이해관계자의 관계를 나타내는 장표입니다. 최근 ESG에 대한 이슈가 부상하면서 기업들이 지배 구조에 대한 혁신과 공정성을 많이 신경 쓰고 있어요. 단순한 사내 위계를 표현할 수도 있고 주주나 의사결정 구조를 표현할 수도 있습니다. 오른쪽에서 볼 수 있듯 트리 형태와 이리저리 이어진 화살표로 나타냅니다.

01

02

03

⊠ 이미지나 컬러가 들어가는 곳   ≡ 텍스트가 들어가는 곳

주주 현황

IR 제작할 때는 꼭 필요하죠. 나중에 허겁지겁 만드는 것보다 그때그때 컴포넌트로 잘 정리해놓는 게 좋습니다. 어차피 주주 현황은 크게 바뀌지 않을뿐더러 지분율도 거의 고정이라서 한 번 만들어 놓으면 여러 자료에 사용할 수 있어요. 대부분 주주별 지분을 비율로 표시합니다. 주주명단이나 간략한 설명을 첨부할 수도 있어요. 원그래프나 표를 주로 활용합니다.

01

02

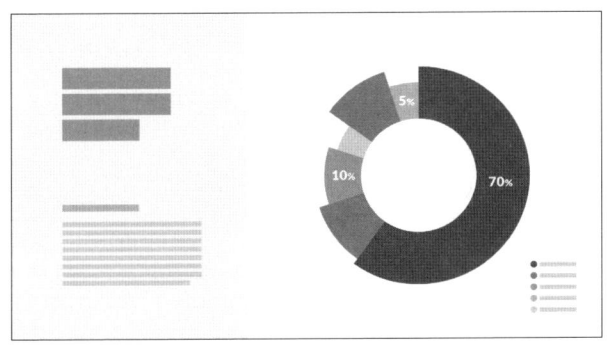

03

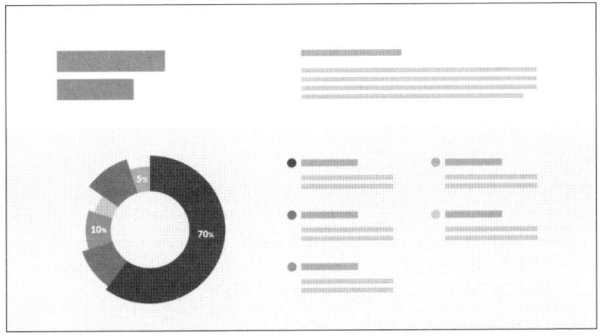

⊠ 이미지나 컬러가 들어가는 곳   ≡ 텍스트가 들어가는 곳

자본금 · 배당금 현황

자본금은 최초에 회사 설립 시 투자한 자본을 의미합니다. 보통법인 설립 시 정관에 기재(발행 주식의 액면총액)됩니다. 배당금은 '보통주 배당금, 우선주 배당금'으로 크게 나눕니다. 보통주는 기업의 지분을 갖는 형식으로 기업의 성공과 실패에 따라 그 이득과 책임을 함께 부여받습니다. 우선주는 보통 계약을 통해 보통주보다 먼저 이익을 받는데, 경영에 참여할 순 없고, 계약 이외에 다른 배당에도 참여하지 못합니다. 이러한 내용들은 보통 IR에 많이 기재합니다. 보통 주주별 배당금이나 최초 자본금 등을 표로 구성하는 경우가 많습니다.

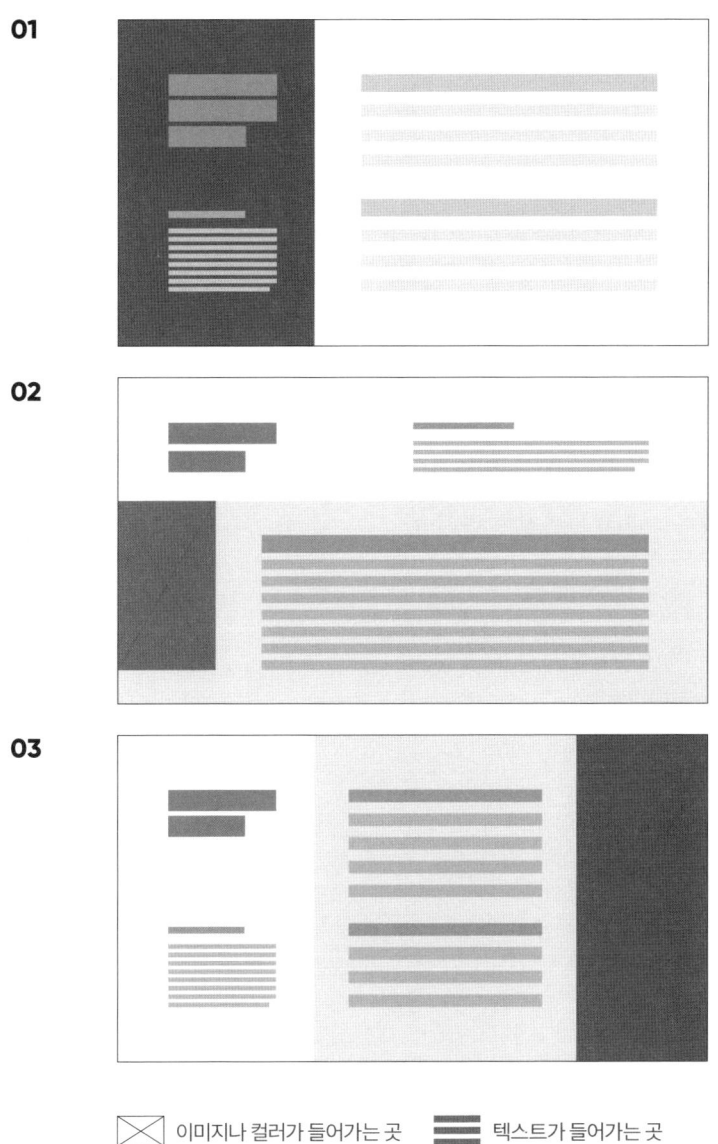

◻ 이미지나 컬러가 들어가는 곳   ▬ 텍스트가 들어가는 곳

조업 상황

IR 제작에 필요한 콤포넌트예요. 특히 제조업이나 유통 관련 비즈니스를 한다면 반드시 들어가야 할 콤포넌트입니다. 조업 상황은 언제 얼마나 뭘 생산, 판매했는지 정리해 놓은 장표라고 생각해 주시면 돼요. 시기별 생산량과 판매량을 정리하고, 거래 조건, 생산 형태, 판매 실적, 원자재 수급률과 가동률 등을 함께 적어주고, 업계 평균 조업률도 파악해놓으면 좋습니다. 주로 도표 형태입니다. 특히 많은 데이터가 하나의 도표나 그래프로 표현되는 만큼 강조하고자 하는 부분에만 컬러나 그림자, 폰트 굵기를 다르게 하여 명확하게 표기해줘야 합니다.

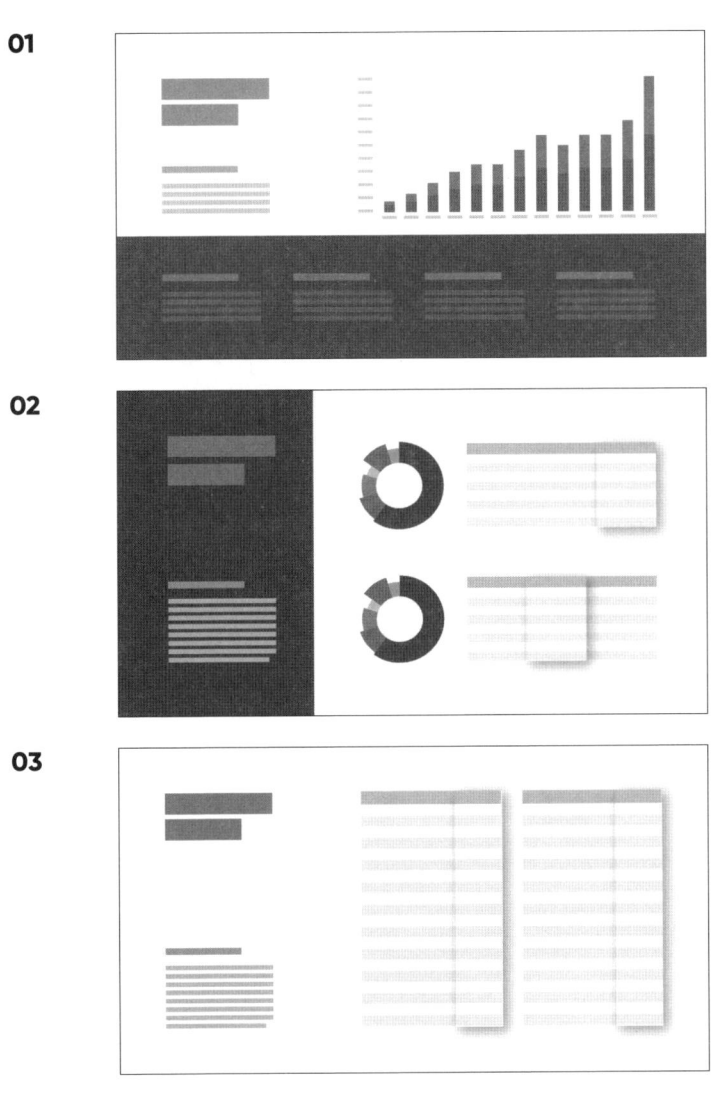

☒ 이미지나 컬러가 들어가는 곳   ≡ 텍스트가 들어가는 곳

관계사 네트워크

MOU 체결 관계나 협력사, 하청업체, 콜라보레이션 대상 등 우리의 자원이 될 수 있는 곳들을 정리해 놓습니다. 글로벌 비즈니스 시엔 해외 지사와 해외 관계사들도 함께 정리합니다. 주로 원형을 몇 개 연결해놓은 형태를 많이 쓰지만 브랜드 로고를 나열하는 방식도 자주 활용되고 있어요. 브랜드 로고를 나열할 땐 배경을 지운 PNG 이미지를 사용하는 것이 좋습니다. 또한 오른쪽에 제일 첫 번째 이미지를 보시면 왼쪽 3개와 오른쪽 3개의 콘텐츠로 구분되어 있습니다. 이런 경우엔 같은 성격의 관계사끼리 묶어서 왼쪽과 오른쪽에 각각 배치해주세요. (예를 들어 왼쪽은 원자재 수급, 오른쪽은 물류유통와 같은 식으로)

01

02

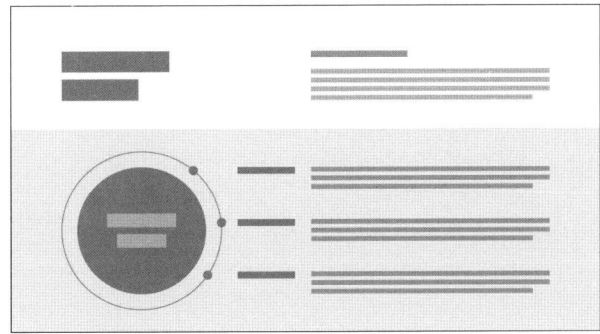

03

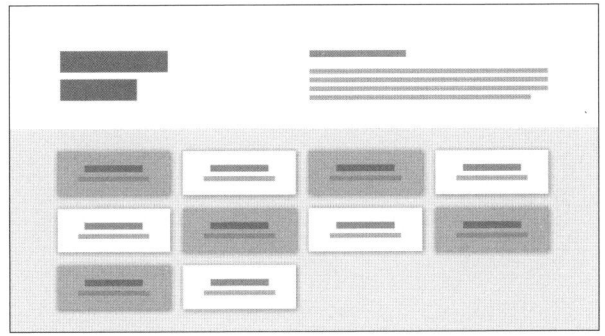

이미지나 컬러가 들어가는 곳   텍스트가 들어가는 곳

주요 공정

제조업의 IR 자료에 많이 쓰입니다. 어떤 과정을 거쳐 물품이 제작되는지를 정리해놓은 거죠. 보통 3~5단계로 정리해서 콤포넌트화 시켜놓습니다. 제품 제작 공정이 바뀌는 경우는 많지 않으니 오래 쓸 수 있을 겁니다. 세로형으로 표현하면 각 단계가 좀 더 구분되어 보입니다. 가로형으로 나열하면 시간순으로 연결되는 느낌을 주죠. 각 단계의 정보를 각각 강조하고 싶다면 세로형을, 연속된 느낌을 주고 싶다면 가로형을 선택하는 것이 좋습니다.

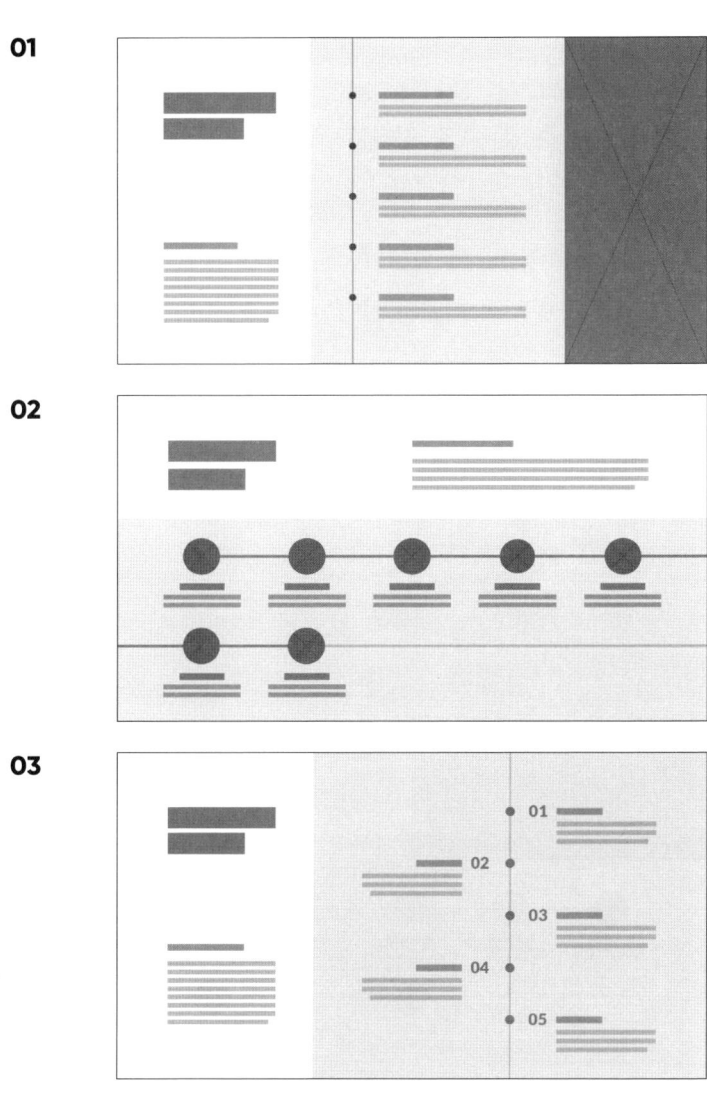

⊠ 이미지나 컬러가 들어가는 곳   ≡ 텍스트가 들어가는 곳

판매 경로 (파이프라인)

만든 물건을 어디에 팔 수 있는지도 정리해놓습니다. 유통사의 경우엔 특히 중요하죠. 온오프라인으로 분리시키는 것은 물론 국내외, 수도권/지방, 유통업체 종류로도 분류해놓도록 합니다. 각 판매처에서 운용하는 수량과 전체 판매 사이즈의 몇 %를 차지하고 있는지도 정리해서 하나의 다이어그램으로 정리합니다.

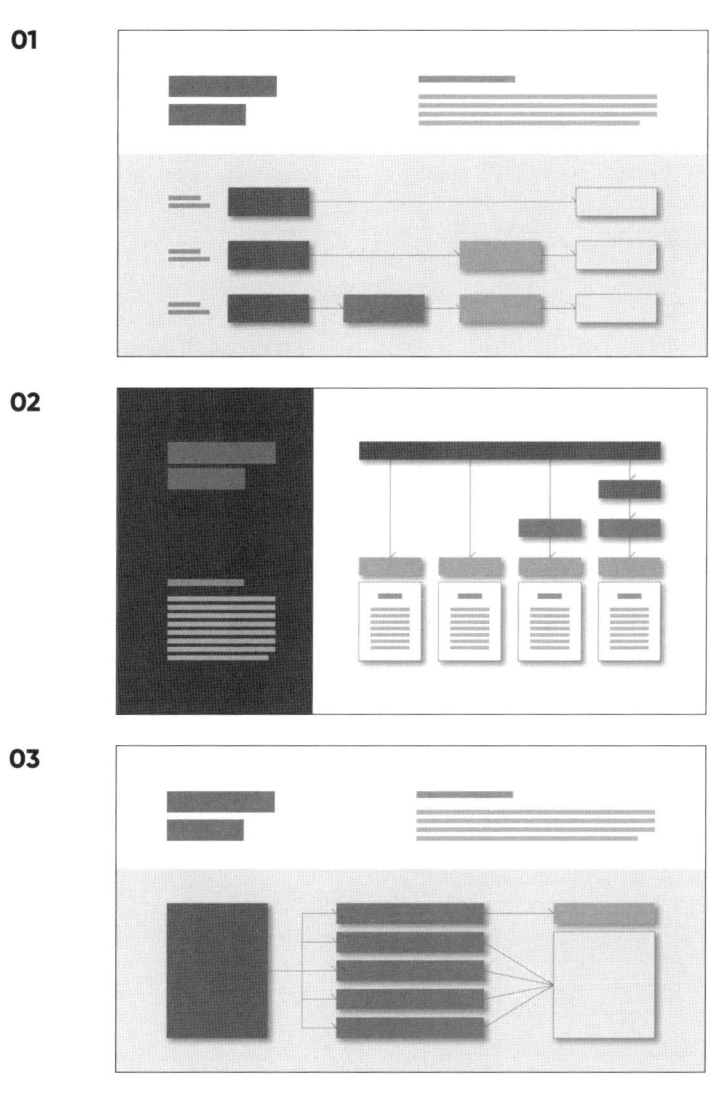

마켓 사이즈

우리가 도전하려는 시장이 어디인지, 얼마나 큰지, 유효한 시장인지 등을 알려주는 장표예요. 특히 투자 제안서에서는 이게 중요하죠. 마켓 자체의 사이즈도 중요하지만, 시장점유율과 점유 포인트도 중요합니다. 이는 향후 기대 매출과도 연결됩니다. 예전엔 TAM. SAM. SOM* 구조를 주로 활용했는데 TAM을 정확히 규정하기 어렵거나 각 시장 간의 연관관계가 모호하면 오히려 독이 되기도 해요. 이럴 땐 목표시장만 정확하게 표현해 주는 것이 훨씬 좋겠죠. 주로 동심원의 형태로 나타나지만, 핵심은 가장 가운데에 있는 SOM입니다. TAM과 SAM까지 강조되면 너무 어지러우니 디자인에 힘 조절이 필요하답니다.

*
TAM : Total Addressable Market 제품이나 서비스를 포함하는 광대한 비즈니스 도메인 자체를 의미합니다.
SAM : Service Available Market 유효시장으로 우리 회사의 비즈니스 모델이 도달할 수 있는 영역입니다
SOM : Service Obtainable Market 수익시장으로 초기에 수익을 확보할 수 있는 시장입니다.

01

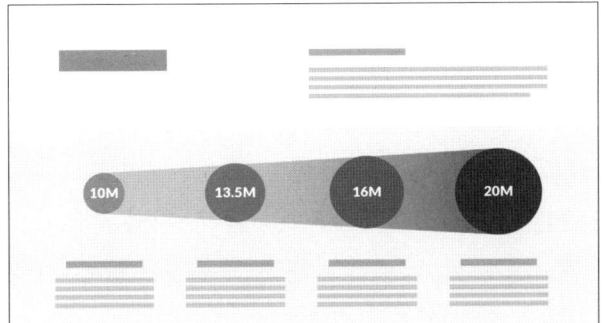

02

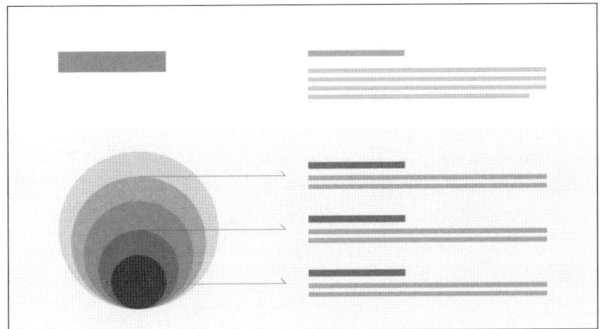

03

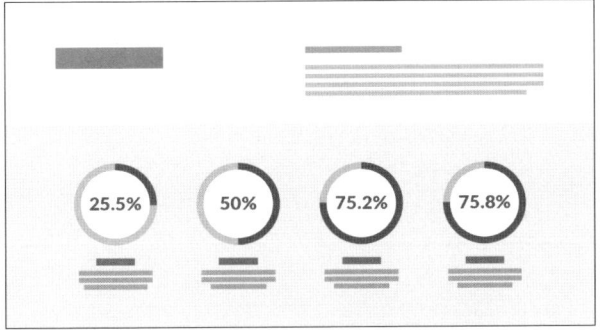

이미지나 컬러가 들어가는 곳 　　텍스트가 들어가는 곳

시장 확장성

시장을 확장할 때는 해당 니즈를 가진 잠재 고객의 수가 늘어나는 경우가 있고, 관련된 영역으로 사업을 확장하는 경우도 있습니다. 예를 들어 A라는 상품을 원하는 사람이 전 세계적으로 늘어난다면 시장 자체의 확장입니다. 다른 측면에선 A와 연관된 B, C, D로 사업을 확장할 수도 있을 겁니다. 노트만 만들어 팔다가 문구류, 가구, 앱 서비스, 커뮤니티 등으로 늘려나가는 것이죠. 이것은 시장의 다각화입니다. 시장 크기의 확장이라면 규모가 늘어나는 모습으로, 시장의 다각화라면 어떤 영역으로 어떻게 뻗어나가서 어떤 성과를 낼 수 있는지 시각적으로 표현해야겠죠.

01

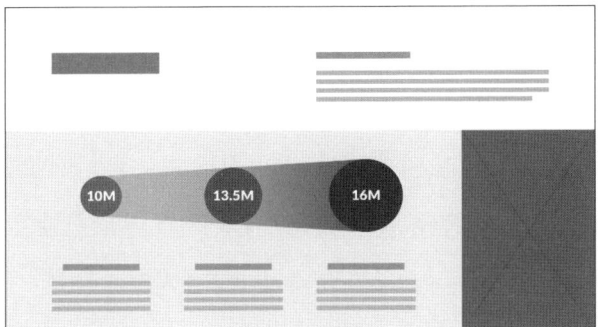

02

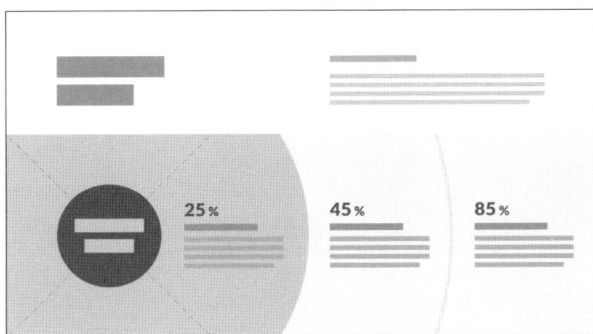

03

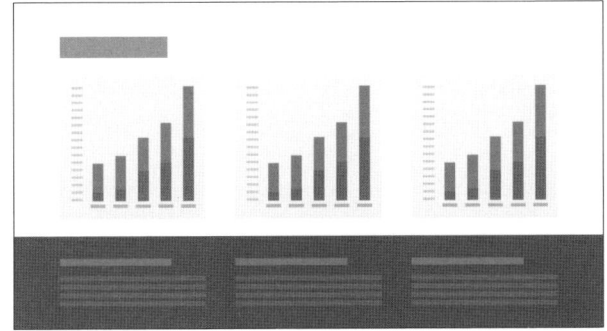

⊠ 이미지나 컬러가 들어가는 곳   ≡ 텍스트가 들어가는 곳

시장 상황

시장은 사이즈 이외에도 두 가지가 중요합니다. '특징과 추이'죠. 예를 들어 ASML이란 회사는 반도체 관련 장비 제조 회사지만 희소하고 고유한 가치로 인해 가격 결정권을 쥐고 있습니다. 이처럼 시장 상황이나 시장 자체의 특수성이 존재하는 경우가 있습니다. 또, 시간에 따라 시장의 상태가 바뀌기도 하죠. 우린 이런 부분들을 잘 녹여 '내가 뛰노는 시장'을 종합적으로 설명해 줘야 합니다.

01

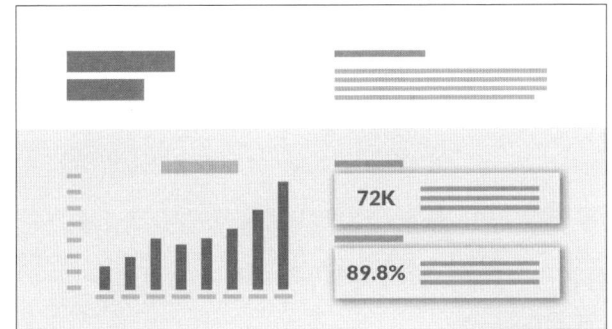

02

03

⊠ 이미지나 컬러가 들어가는 곳   ≡ 텍스트가 들어가는 곳

시장 이슈

IR에 주로 들어가는 장표입니다. 여러분의 비즈니스에 영향을 줄 수 있는 주요뉴스나 앞으로 영향을 미칠 수 있는 잠재위험, 이게 확장될 시장인지, 법안 때문에 막힐 건지, 풀릴 건지, 어느 나라에서 무엇을 개발하고 있는지 등을 정리합니다. 리스트화 시켜놓고 최신순으로 업데이트 합니다. 여기서 한 가지 드리고 싶은 말씀이 있는데 뉴스, 보도자료, 매거진 등 일부를 발췌할 때는 검증과 저작권과 화질에 신경을 써야합니다. 제대로 검증 받은 자료인지, 소개서나 제안서 등에 첨부해도 문제가 없는 자료인지, 그리고 이미지가 너무 깨지거나 뭉개지진 않는지 다시 한 번 생각해 보세요.

01

02

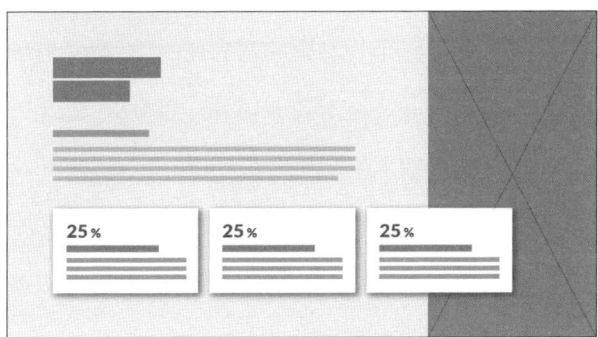

03

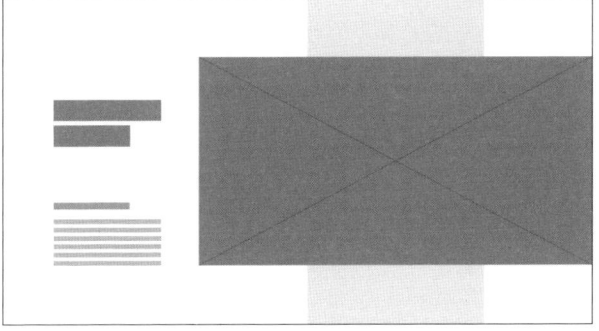

⊠ 이미지나 컬러가 들어가는 곳   ≡ 텍스트가 들어가는 곳

시장 특징

타겟으로 한 시장과 고객들의 특징들이 있을 거예요. 애니덕후를 대상으로 한 서비스라면 그 시장의 특수성을 고려하지 않을 수 없죠. 일반시장에서의 공식이 먹히지 않는 경우도 있거든요. 우리가 집중하는 시장만의 특징을 정리합니다. 특징은 너무 많지 않게 3~4가지 정도로 압축합니다. 이때 중요한 특징은 영역을 크게 줄 수도 있습니다. 디자인에서 공간은 권력과도 같습니다. 차지하는 공간이 클수록 중요도가 높다고 여겨집니다. 3개의 특징이 모두 같은 중요도라면 공간도 같은 크기로 줘야 합니다.

01

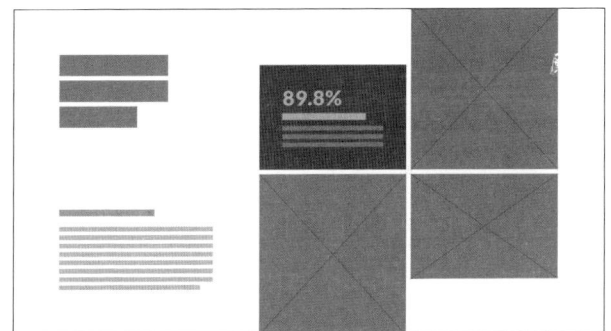

02

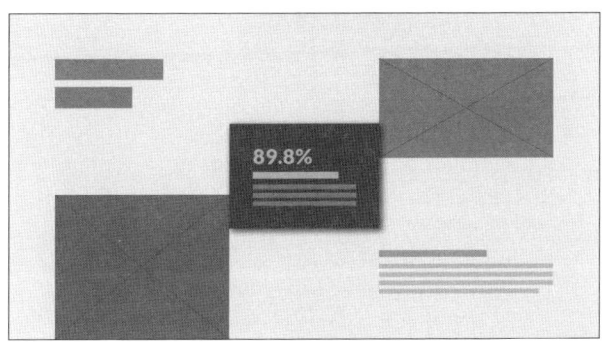

03

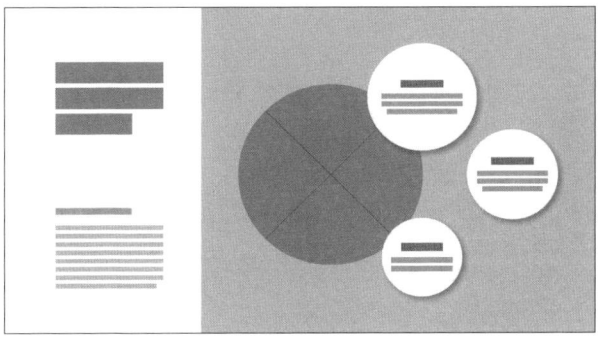

◻ 이미지나 컬러가 들어가는 곳   ≡ 텍스트가 들어가는 곳

서비스 · 제품 세부 사항

제품의 크기, 무게, 성분, 원산지나 서비스의 용량, 사용 난이도, 최적화 기기 등 상세한 사항들을 정리해놓습니다. 소개서에 꼭 넣지 않더라도 내부적으로 이게 정리되어 있으면 꽤나 '응대'에 도움이 되기도 하죠. 일종의 설명서 역할을 하니까요. 따로 잘 정리해서 하나의 브랜드 자산으로 만들어 놓습니다.

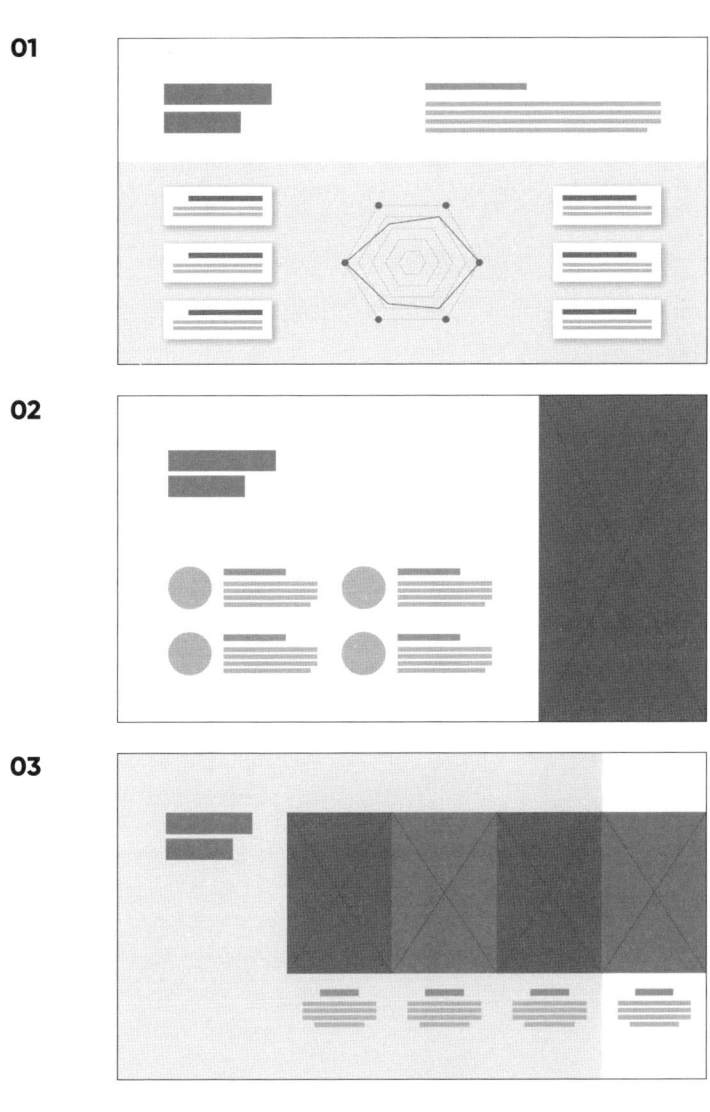

주요기능 · 특징

서비스나 제품의 기능이 한 가지만 있는 경우는 드뭅니다. 주요 기능을 3가지 정도로 정리해서 박스에 넣어줍니다. 이 때 제품의 각 부분을 강조해야 할 경우나 앱의 특정 화면을 보여줘야 하는 등 '이미지'를 덧붙여주면 그 의미가 더 강조될 것입니다. 우리 브랜드의 자부심과 같은 영역이기 때문에 반드시 고해상도 사진을 사용하도록 합시다.

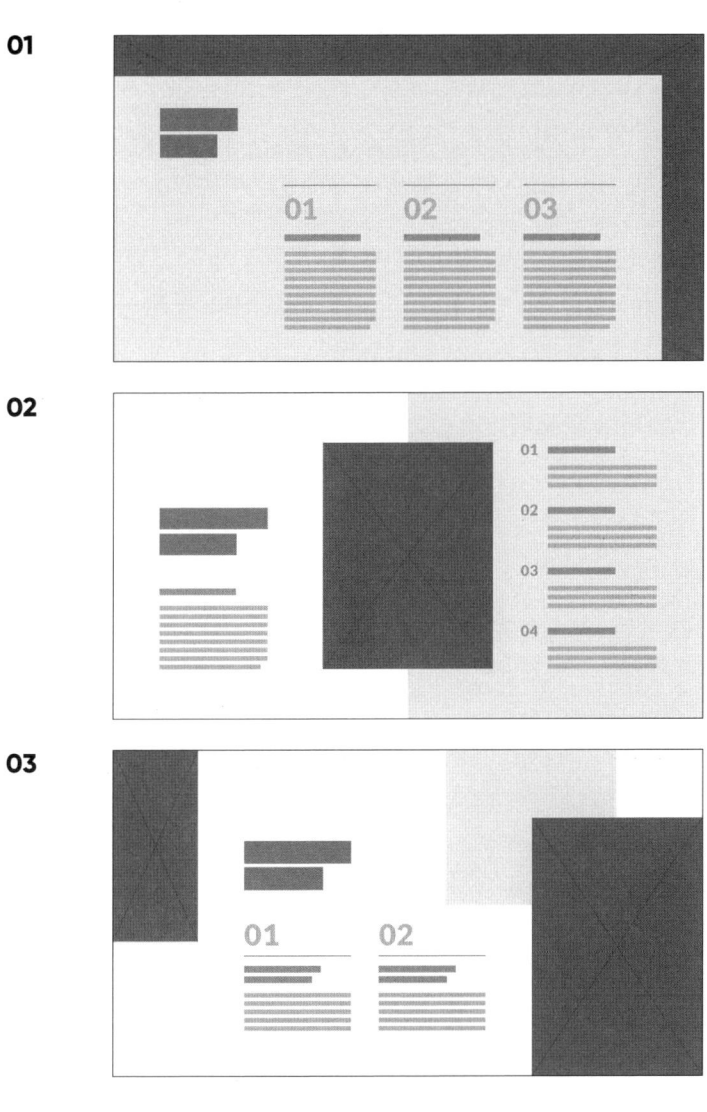

부가기능 · 특징

나머지 부가기능들을 정리해서 리스트화 시켜놓습니다. 소개서의 고질적인 문제는 너무 우리 서비스가 훌륭해서 자랑거리가 많다는 점인데 주요 기능과 부가기능을 구분하고 우선순위를 부여하는 것은 아주아주 중요합니다. 부가기능이 주요기능과 비슷한 디자인으로 힘이 잔뜩 들어가 있으면 보는 사람이 매우 피곤해질 수 있습니다. 부가적인 정보와 메인 정보는 힘의 무게가 완벽히 구분되어야 합니다. 이 점을 잘 고려해 부가정보를 나열해주세요.

01

02

03

 이미지나 컬러가 들어가는 곳   텍스트가 들어가는 곳

제한사항

서비스나 제품의 사용이 제한적인 경우가 있습니다. 5세 이하의 어린이는 안 된다던가, 0도 미만에선 작동이 안 된다던가. 후반부의 FAQ 부분에서도 다시 언급이 되겠지만, 제품의 제한사항을 명확하게 설명해 주면 좀 더 객관성과 신뢰감을 줄 수 있겠죠. 특히 '귀한 사람'만 쓸 수 있다던지, 24시간만 열람할 수 있다던지, 초대장이 있어야만 들어올 수 있다던지 하는 등의 제한은 오히려 서비스나 제품의 가치가 높아지는 효과를 선사하기도 합니다.

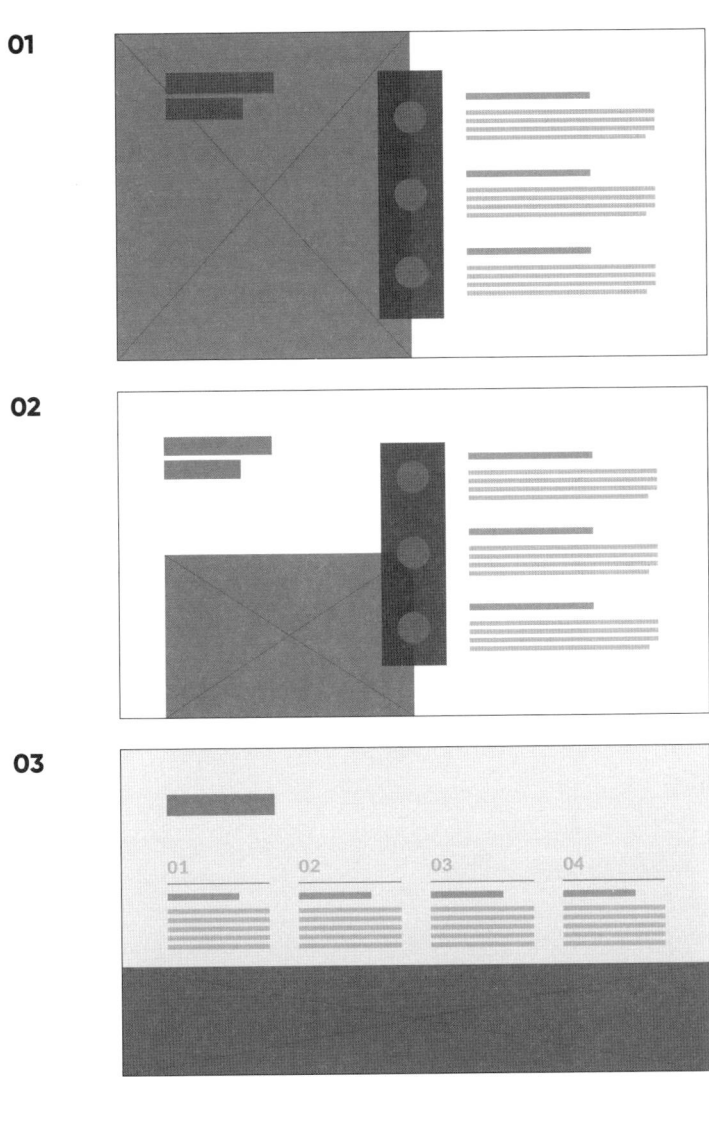

어드밴티지

우리의 자랑스런 기능과 특징들이 누구에게 도움이 되는지 적어줍니다. 특히 혜택을 받는 대상이 복수인 경우, 플랫폼이나 유통사업자 등의 경우엔 그들이 무엇을 주고받는지 알려줍니다. 삼각형이나 원형, 사각형을 이용해서 각 타겟들이 주고받는 이득을 화살표로 표시해 주는 형태죠.

01

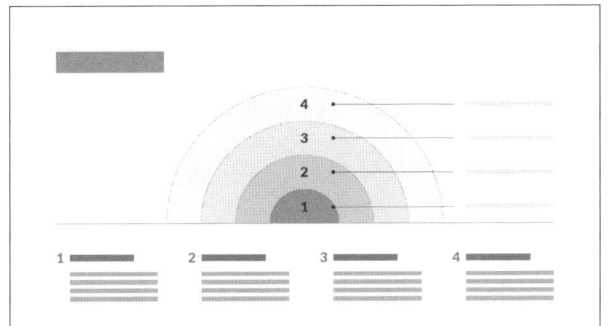

02

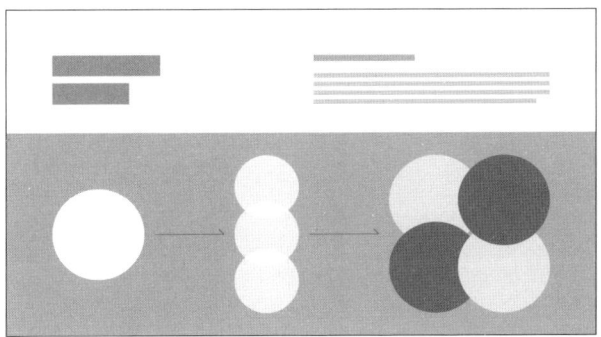

03

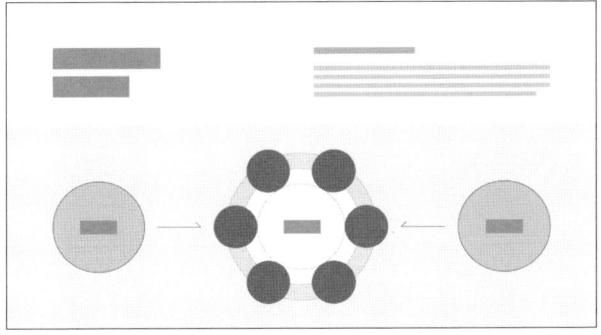

⊠ 이미지나 컬러가 들어가는 곳   ≡ 텍스트가 들어가는 곳

기반 기술

블록체인 기반이나 IT 산업, 또는 공학 관련 사업체라면 어떤 기술을 기반으로 만들어졌는지 적어주는 경우가 많습니다. 하지만 경험상 기술에 대한 설명 장표는 늘 논문급으로 복잡해지곤 했습니다. 소개서나 제안서는 상대방을 이해시키기 위한 자료입니다. 나만 이해할 수 있는 전문용어나 복잡한 그래프, 도식 대신 이해할 수 있는 깔끔한 도식과 글, 이미지로 정리합시다.

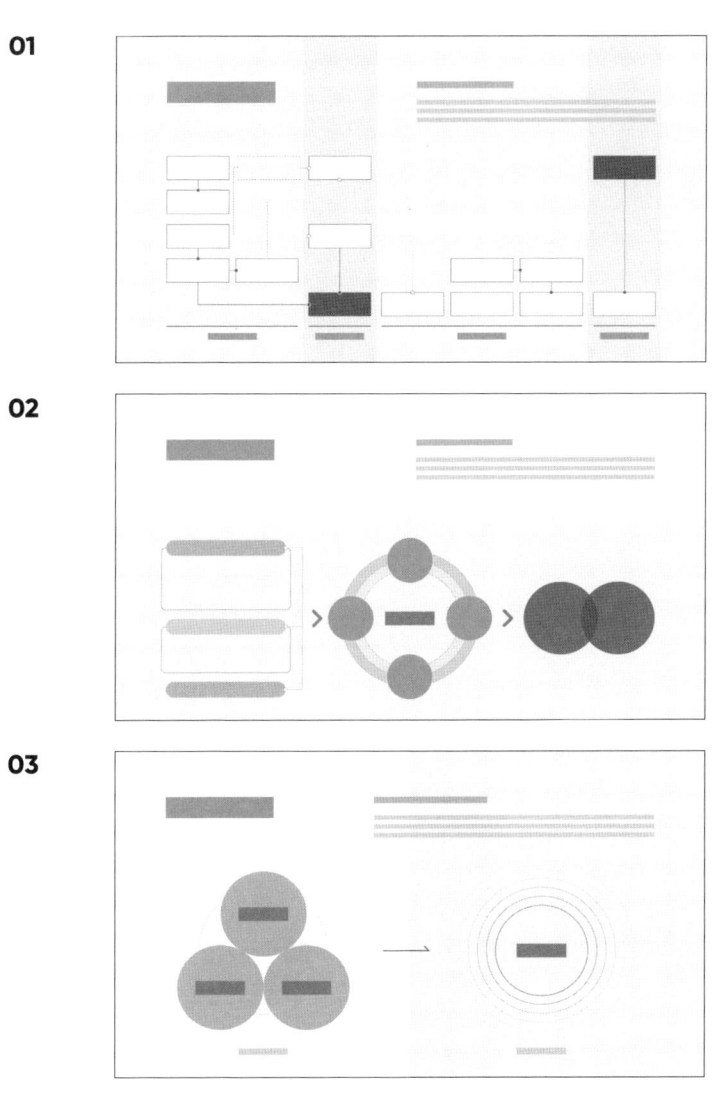

작동 원리

투자사 입장에서도 이 시스템 또는 제품이 어떻게 움직이고 돌아가는 건지 궁금해합니다. 데이터는 어디서 끌어왔는지, 개인정보 유출 이슈는 없는지, 작동하는데 공수가 너무 많이 들진 않는지 등을 여기서 풀어줍니다. 3~4가지 정도로 가장 많이 궁금할 부분들을 정리해 놓습니다. 주로 각 꼭지마다 제목이나 숫자를 달아주고 간략한 설명을 하는 '리스트' 방식을 씁니다.

01

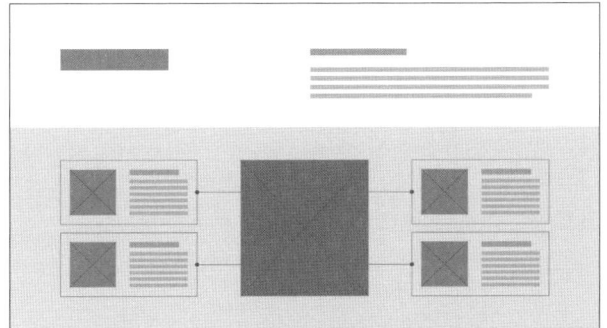

02

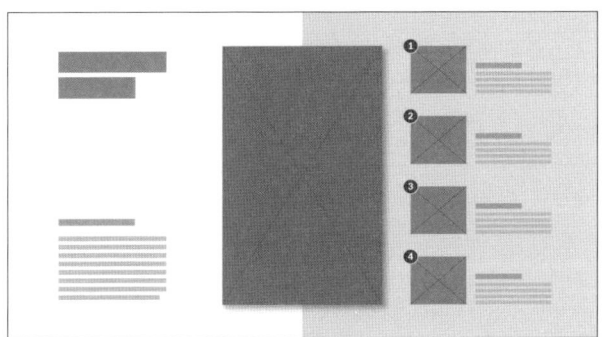

03

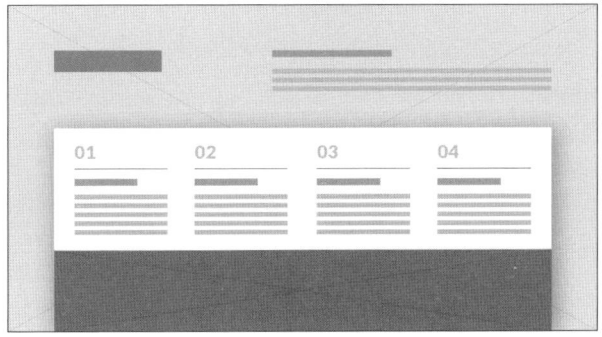

리스크 관리

IR이나 B2B 제안서에 많이 들어가는 내용입니다. 문제가 발생하지 않도록 각 이슈를 관리 감독할 계획을 수립합니다. 보통 시나리오 형태로 만들거나 위험요소가 생길 수 있는 항목별로 도표화 시키죠.

01

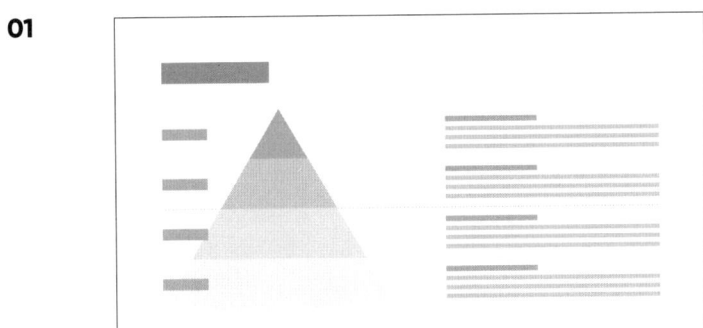

02

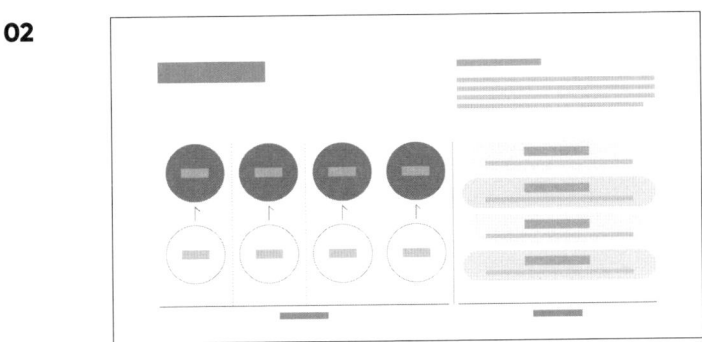

03

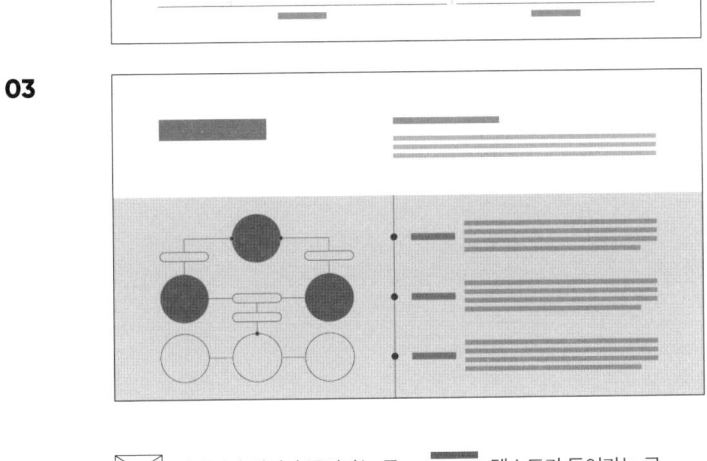

이미지나 컬러가 들어가는 곳   텍스트가 들어가는 곳

경쟁사 분석

경쟁사도 종종 업데이트 시켜줄 뿐, 크게 달라지진 않으므로 한 번 정리해 놓고 콤포넌트로 사용합시다. 경쟁사 분석을 단순히 표로 보여주는 방식도 있지만, 좀 더 구체적인 항목들을 분리해 주는 것도 좋은 방법입니다. 상대방의 부족함에 집중하는 게 아니라, 우리가 잘하고 있다는 걸 보여주는 게 핵심입니다. 앞서 말한 '핵심기술, 어드밴티지, 주요 기능'과의 연관성이 중요합니다. 우리의 핵심기술은 A인데, 경쟁력은 B라면 맥락에 맞지 않으니까요.

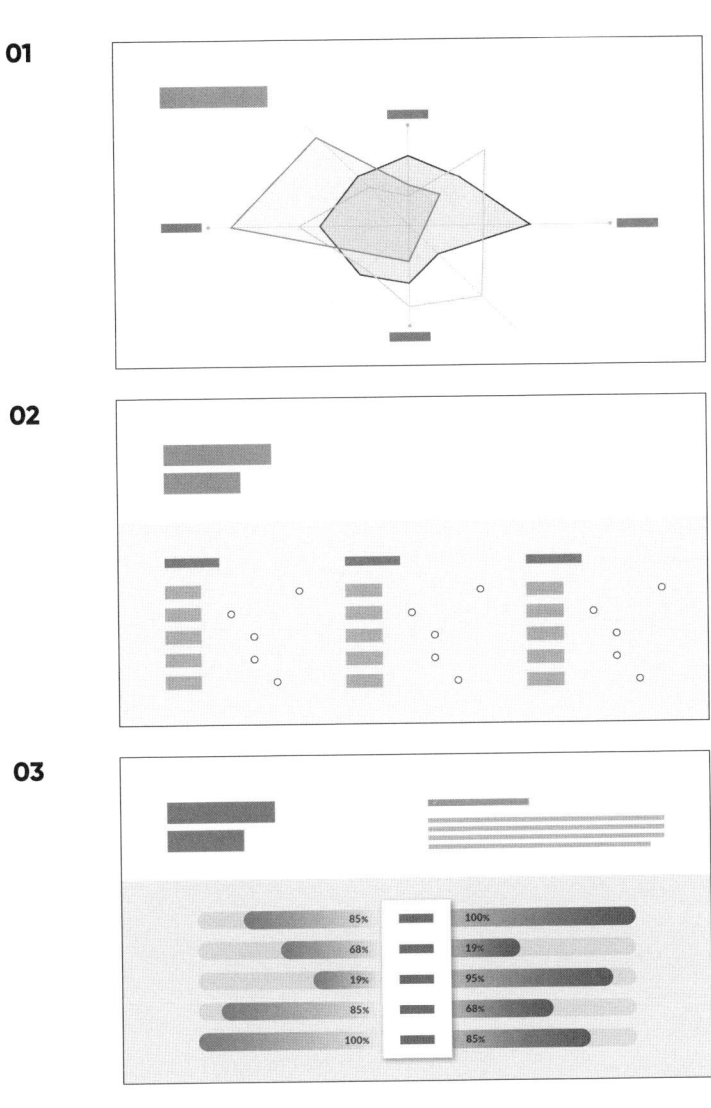

포지셔닝

x, y 축으로 이루어진 사분면 그래프를 주로 이용하죠. 우리의 위치는 대부분 우측 상단입니다. 우리가 최고라는 거죠. 나머지 브랜드는 뭔가 하나씩 모자란 것처럼 '음의 값'을 갖는데 여기엔 적절한 근거가 있어야 합니다. 예를 들어, 왜 이 업체는 자동화가 잘 안되어있다고 생각하는지, 반대로 우리가 상대 브랜드에 비해 정말 자동화 부분에서 우위를 점하고 있는지를 명확하게 설명할 수 있어야 합니다.

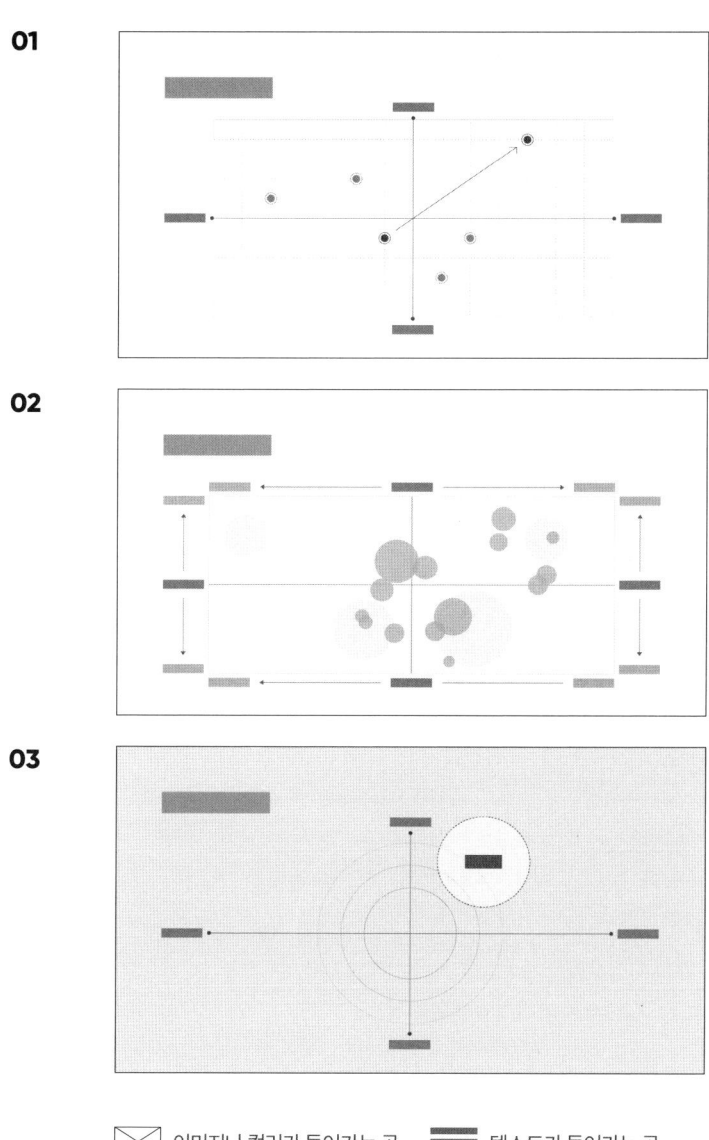

약점 · 보완사항

IR에선 우리 비즈니스의 약점도 솔직하게 분석할 수 있어야 합니다. 그리고 이를 어떻게 보완할지에 대한 계획을 동시에 수립해놔야 하죠. 약점과 솔루션은 하나의 세트로 움직이기 때문에 약점 3개, 솔루션 3개 이렇게 묶어서 하나의 콤포넌트로 만듭니다. 주요 내용은 우리의 현재 위험요소나 개발 예정인 것, 보완해야 할 점들을 나열한 후 각각을 어떻게 보완할지 작성합니다.

☒ 이미지나 컬러가 들어가는 곳   ≡ 텍스트가 들어가는 곳

목업 이미지

목업(Mock-Up)이란 마치 실제로 구현, 제작된 것처럼 가상으로 보여주는 이미지를 말합니다. 시제품이나, 제품, 앱 서비스 등의 실제 화면/완성품의 모습을 생생하게 전달하는 데 유용하죠. 서비스라면 앱 화면 이미지를 차곡차곡 정리해두세요. 제품이라면 탑뷰, 사이드뷰, 컨셉샷을 폴더별로 잘 모아놓고, 시제품을 제작 중이라면 목업 이미지를 꼭 만들어두세요.

01

02

03

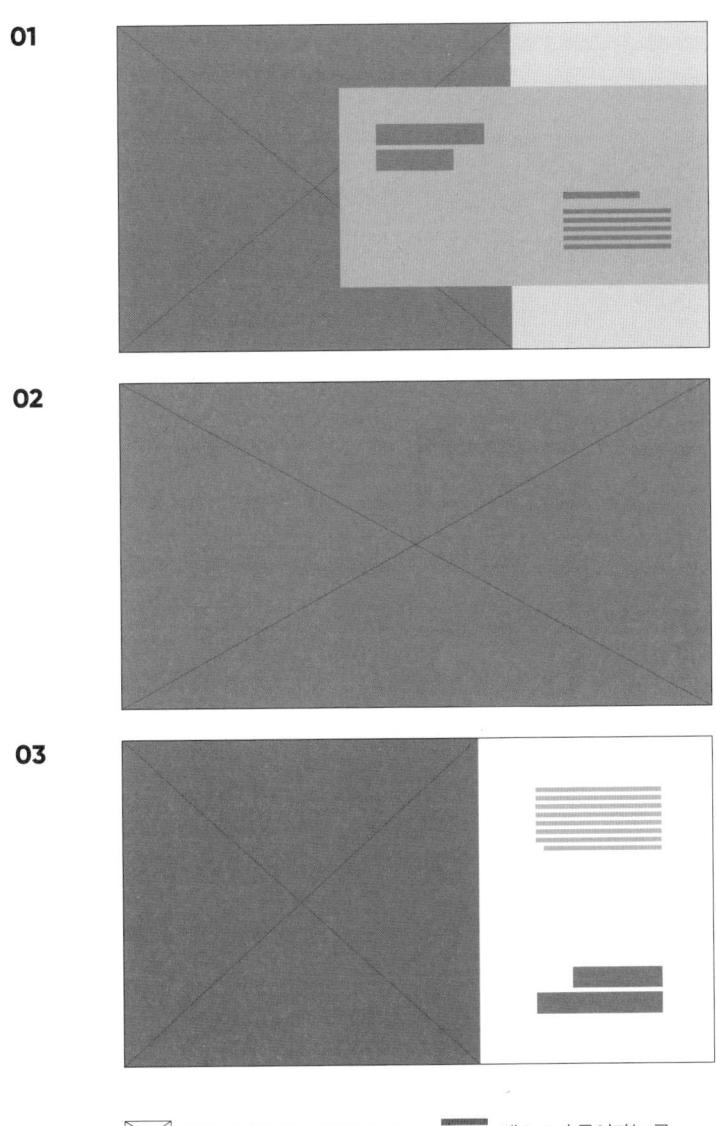

⊠ 이미지나 컬러가 들어가는 곳   ≡ 텍스트가 들어가는 곳

사용방법

간략한 사용방법을 적어줄 수 있습니다. 왜 우리 전자제품을 사면 두꺼운 설명서가 있고, 간단 설명서가 있잖아요. 이 콤포넌트는 간단 설명서 같은 역할을 합니다. 주로 Step별로 나열되며 사진과 2~3줄 정도의 간략한 내용이 들어갑니다.

01

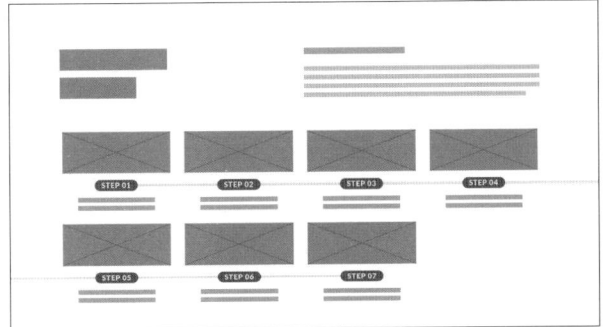

02

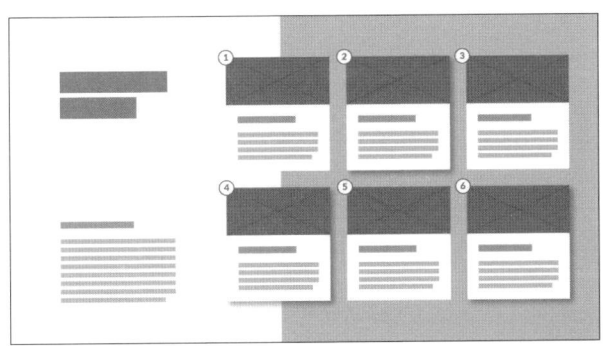

03

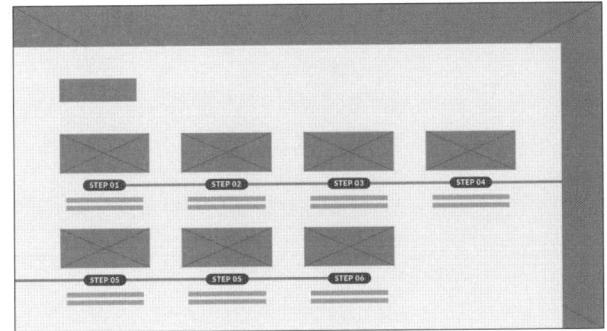

⊠ 이미지나 컬러가 들어가는 곳   ≡ 텍스트가 들어가는 곳

성분 분석표

식료품, 건강기능식품, 유아용품, 반려동물 관련 제품을 판매한다면 성분 표기도 필수입니다. 깔끔하게 리스트로 정리해서 콤포넌트로 만들어놓습니다. 사용방법 옆에 붙이는 경우가 많을 거예요.

01

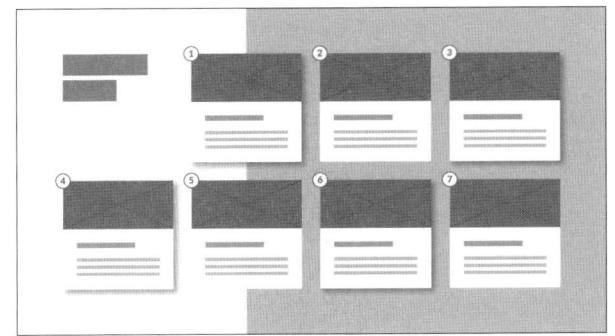

02

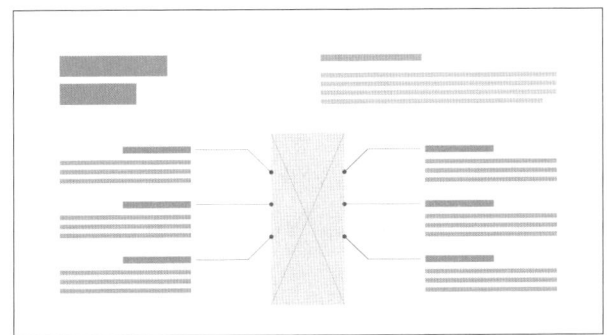

03

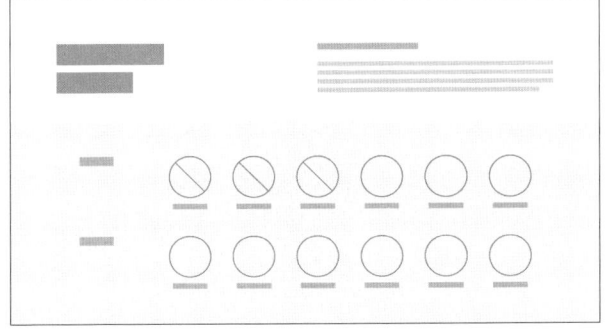

 이미지나 컬러가 들어가는 곳　　　텍스트가 들어가는 곳

가격 테이블

소개서에 직접 금액을 적는 경우도 있고, 추후 브로슈어나 리플렛에 활용하는 경우도 있을 거예요. 특히 금액 테이블에 따라 제공 서비스나 혜택이 달라지는 경우도 있는데 이런 걸 잘 정리해놔야 나중에 공수를 줄일 수 있습니다. 별 거 아니어 보이지만, 쌓이기 시작하면 꽤나 피곤합니다.

01

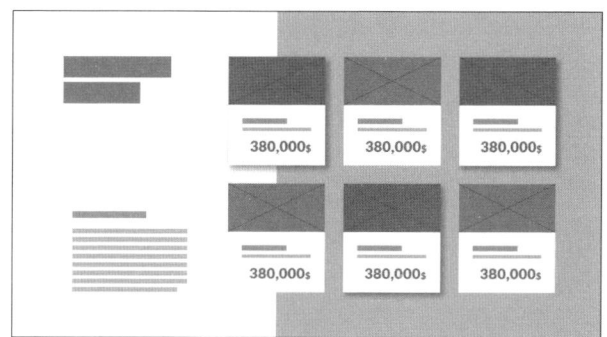

02

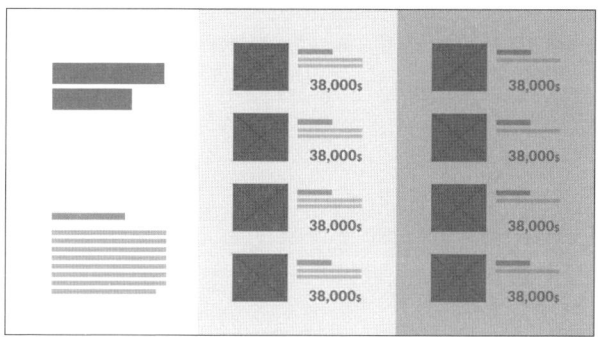

03

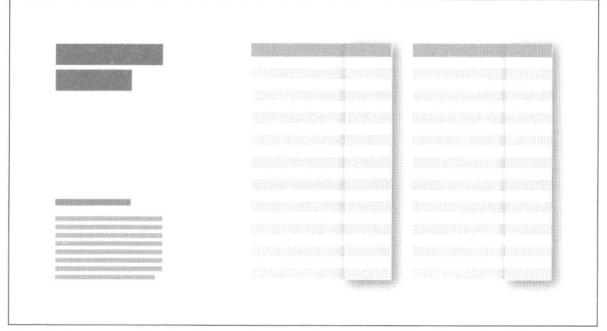

⊠ 이미지나 컬러가 들어가는 곳   ≡ 텍스트가 들어가는 곳

운영 프로세스

B2B로 계약이 진행될 경우엔 이 제품을 어떻게 발주하고, 배송하며, 결제는 어떻게 하고, 사후관리는 어떻게 하는지 과정을 적어줘야 합니다. 클라이언트와 일하다 보면 '저희 회사가 어떻게 일하는지'를 궁금해하는 경우가 진짜 많아요. 이 프로세스는 정형화 시켜서 콤포넌트로 만들어놓습니다. 이미지처럼 흐름을 표현하는 선형 구조로 많이 표현합니다. 이 때 프로세스가 복잡한 구조라면 몇 개의 단계를 묶어서 카테고리화 시켜주는 것이 좋습니다.

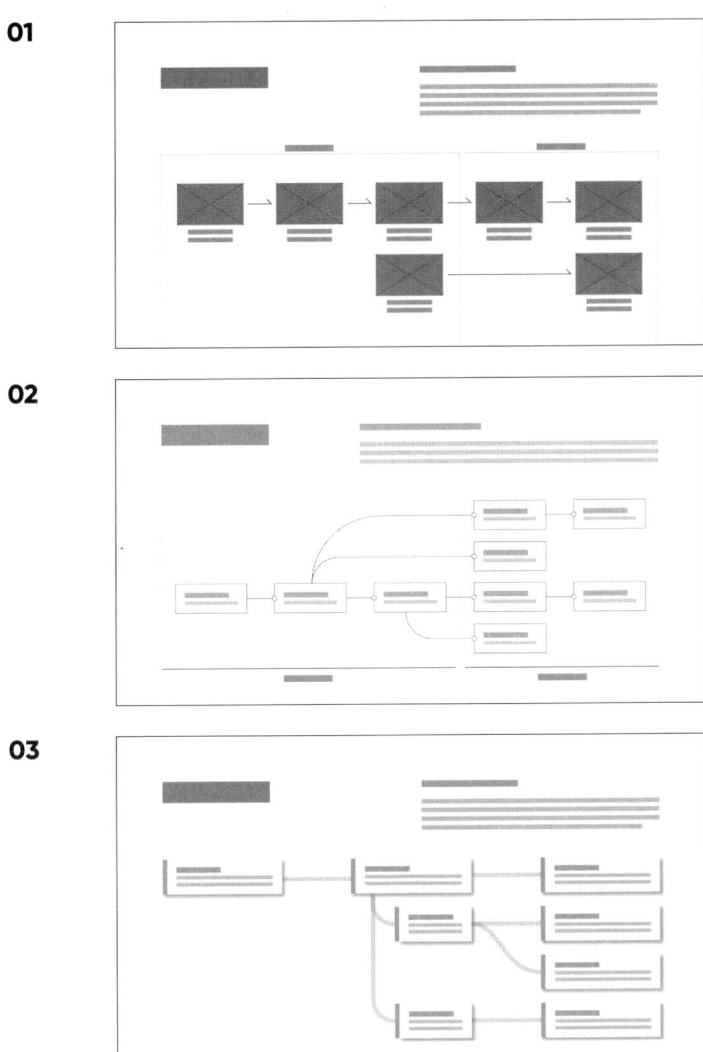

수상 경력

오로지 자랑을 위한 목적의 콤포넌트입니다. 이곳은 단순 나열입니다. 경진대회 수상, 디자인 어워드 수상, 공공기관에서 받은 수상 경력, 무슨 대통령상 수상, 국제 대회 수상 등 다양한 수상 경력을 어필해 줄 수 있습니다. 이 땐 수상연도, 정확한 행사명, 수상명, 수여기관 등을 명시해 줘야 합니다.

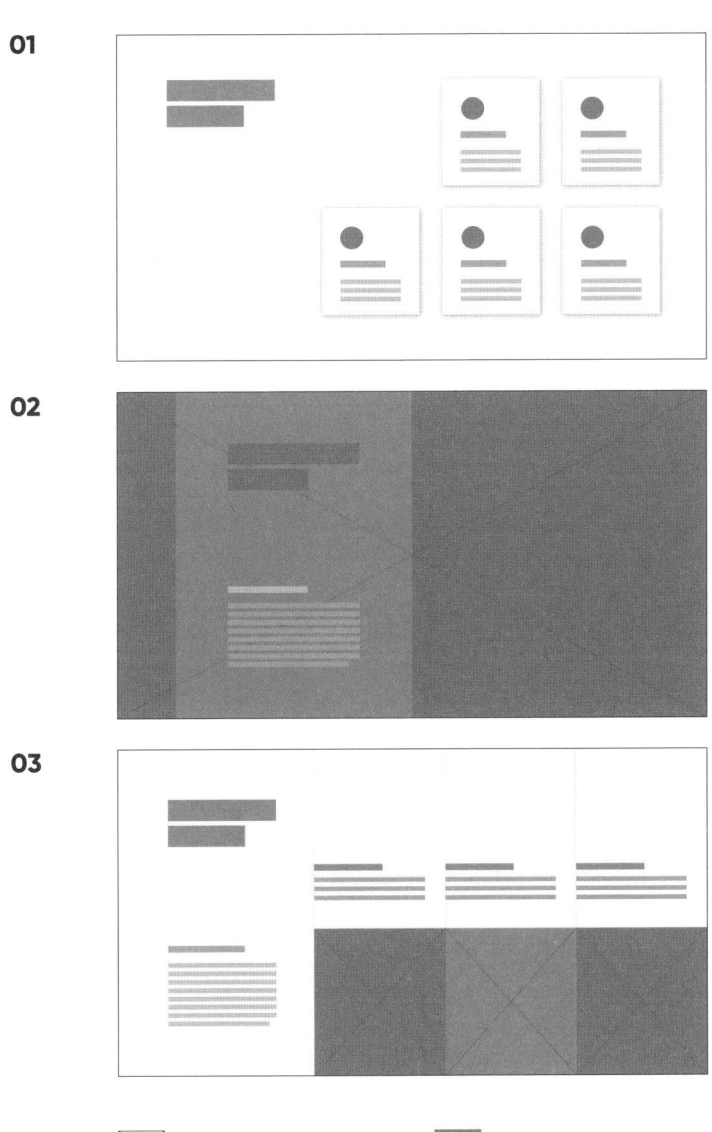

인증 · 특허

개인적으로 특허 등록증을 이미지로 보여주는 것이 좋은지는 잘 모르겠습니다. 어차피 작아서 무슨 내용인지 보이지도 않을뿐더러, 그 이미지를 보고 '우와, 대단하다'라고 생각할 사람은 없을 테니까요. 공신력 확보 차원에서 '특허가 있다'라는 존재 자체에 가치가 있는 터라 오히려 표와 같은 형태로 특허 이름과 등록일자 정도만 정리해 놔도 좋을 것 같습니다.

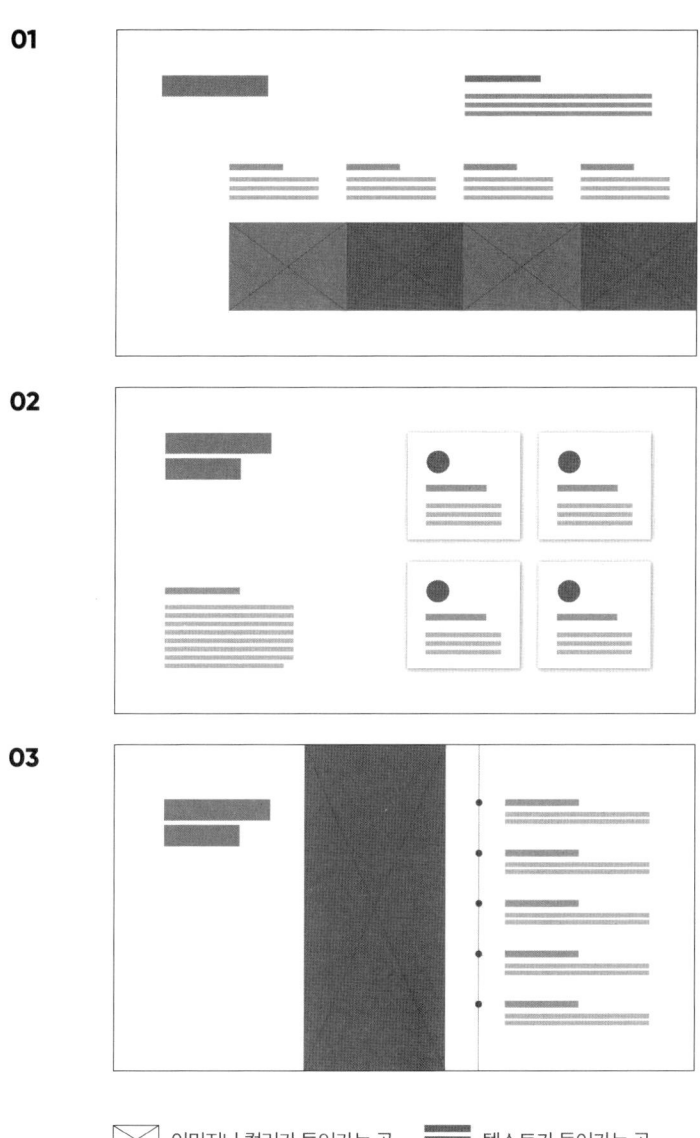

☒ 이미지나 컬러가 들어가는 곳   ▬ 텍스트가 들어가는 곳

마케팅 달성 수치

총 이용자 수, MAU, DAU, 다운로드 수, 평점 등 마케팅 관점에서의 수치들도 자랑거리가 될 수 있습니다. 보통 '많은 사람들이 이용하고 있다! 그런데 평점이 좋다.'라는 메시지를 많이 주기 때문에 모수와 평점을 묶어서 활용하는 경우가 많습니다. 자주 업데이트 해주도록 합시다. 눈에 잘 띄는 디자인으로 콤포넌트화 시킵니다.

⊠ 이미지나 컬러가 들어가는 곳   ≡ 텍스트가 들어가는 곳

히스토리

우리의 역사를 보여주는 거죠. 최신 기록이 위로 와야 합니다. 그리고 창업 연도가 2010년이라고 해서 2010년부터 모든 사건을 다 적지 않아도 됩니다. 주요한 자랑거리들만 나열합시다. 히스토리는 10줄 이상을 넘지 않도록 해서 콤포넌트로 만듭니다. 히스토리는 주로 세로 리스트 형태를 띠는데, 이는 히스토리 자체가 중요하다기보단 이런 과정을 통해 결국 우리가 무엇이 되었는가 또는 어떤 성과들을 이루었는가를 보여주기 위함이기 때문입니다.

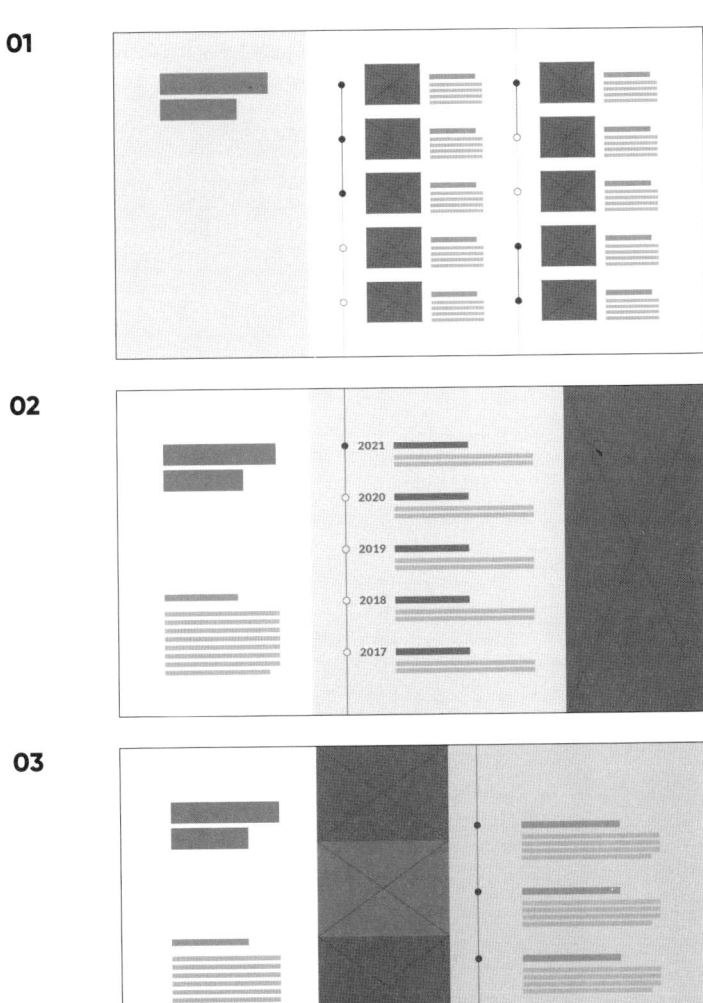

보도자료

보도자료는 캡쳐 사진, 기사 링크, 기사명 등을 정리해서 한곳에 아카이빙 합니다. 소개서에 필요한 경우 몇 개씩 뽑아 쓸 수 있도록 말이죠.

01

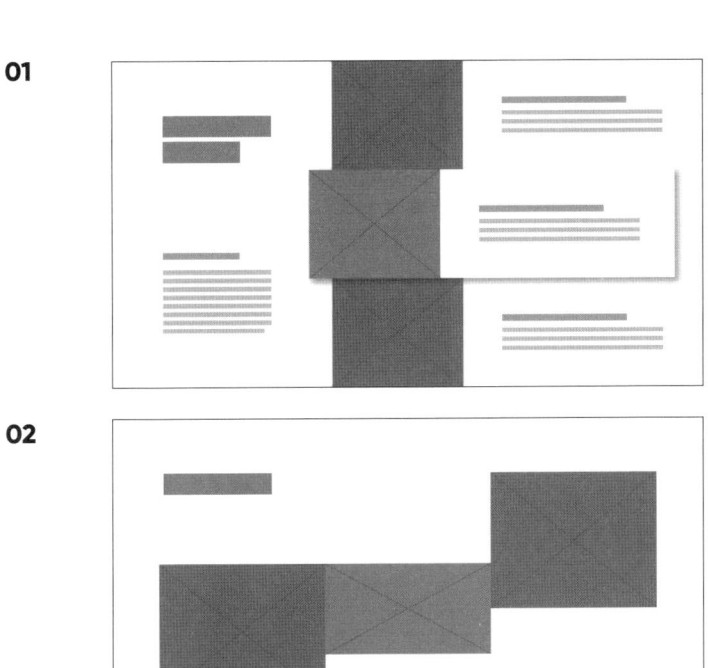

02

03

☒ 이미지나 컬러가 들어가는 곳   ≡ 텍스트가 들어가는 곳

고객의 이야기를 전달하는 방법
(Voice & Scenario)

사업을 영위함에 있어 고객의 이야기는 빼놓을 수 없는 필수 콘텐츠입니다. 여기엔 실제 소개서에 들어갈 것과 투자제안서에 들어갈 내용들이 조금 섞여있습니다. 페르소나 규정이나 유저 시나리오를 굳이 당사자에게 보여줄 필요 없을 거예요. 그러나 FAQ나 CS절차 등은 고객 입장에선 꽤나 궁금한 정보일 것입니다. 다른 고객들이 말한 리뷰도 인터뷰 콘텐츠도 마찬가지죠. 우린 고객들의 목소리 하나하나를 기록하고 축적해야 합니다. 꼭 소개서를 만들기 위함이 아니라도 말이죠. 소개서 의뢰를 받고 많은 수의 소개서를 만들어봤지만, 이것이 잘 정리되어 있는 팀은 앞으로의 방향성에 근거가 탄탄했습니다. 실제로 고객과의 관계성도 매우 좋았습니다. 소개서도 명쾌하게 정리하기 쉬웠고요.

소비자 여정 지도

정보를 충분히 주었으면, 이제 사람들의 이야기를 들려줘야 합니다. 듣는 사람 입장에서 '아, 매력적이네'라고 느꼈다고 생각해봅시다. 그 다음 행위는 뭘까요? 그렇습니다, 내가 생각한 게 맞는지 확인하고 싶죠. 그리고 다른 사람들도 내 생각에 동의하는지 알고 싶어 합니다. 대표적으론 리뷰나 댓글을 보는 행위가 있죠. 이처럼 고객의 행동은 특정한 여정이 있습니다. 물론 개개인을 봤을 때는 이 경로가 너무 다양하겠지만, 여러 고객들의 행동 패턴을 놓고 평균치를 뽑아내야 합니다. 고객의 각 액션별로 우리는 어떻게 대응해야 하는지 가이드가 되기도 합니다.

01

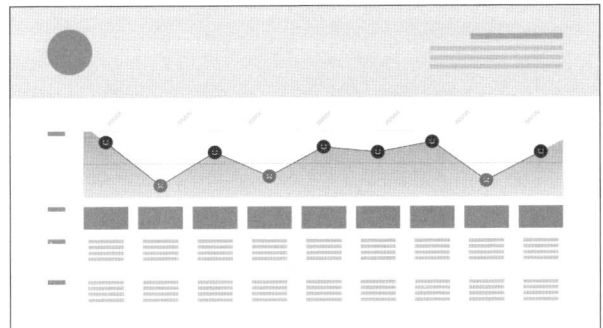

02

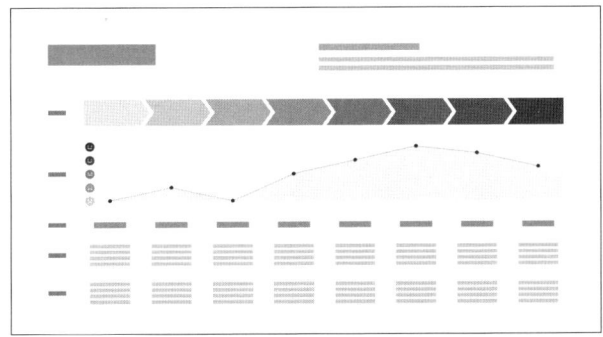

03

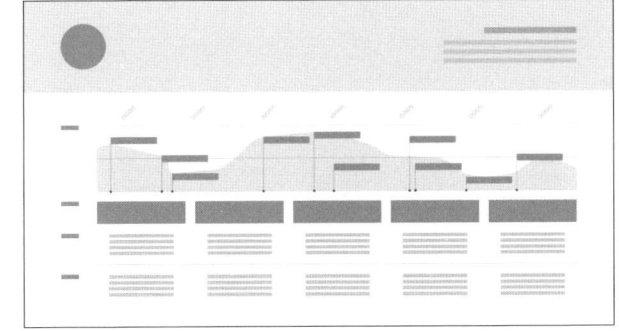

⊠ 이미지나 컬러가 들어가는 곳   ≡ 텍스트가 들어가는 곳

페르소나 규정

누가 우리 서비스에 가장 적합한지 알려줍니다. 이게 꼭 필요한 사람이 누군지 정리해 주는 것이죠. 타겟이 명확하고 좁을수록 서비스의 강점을 어필하기가 쉬워집니다. 예전엔 연령, 성별 등 단순한 지표로 페르소나를 규정했지만, 요즘엔 취향과 라이프스타일, 가치관 등을 반영하며 더욱 세분화된 타겟이 필요해지고 있습니다.

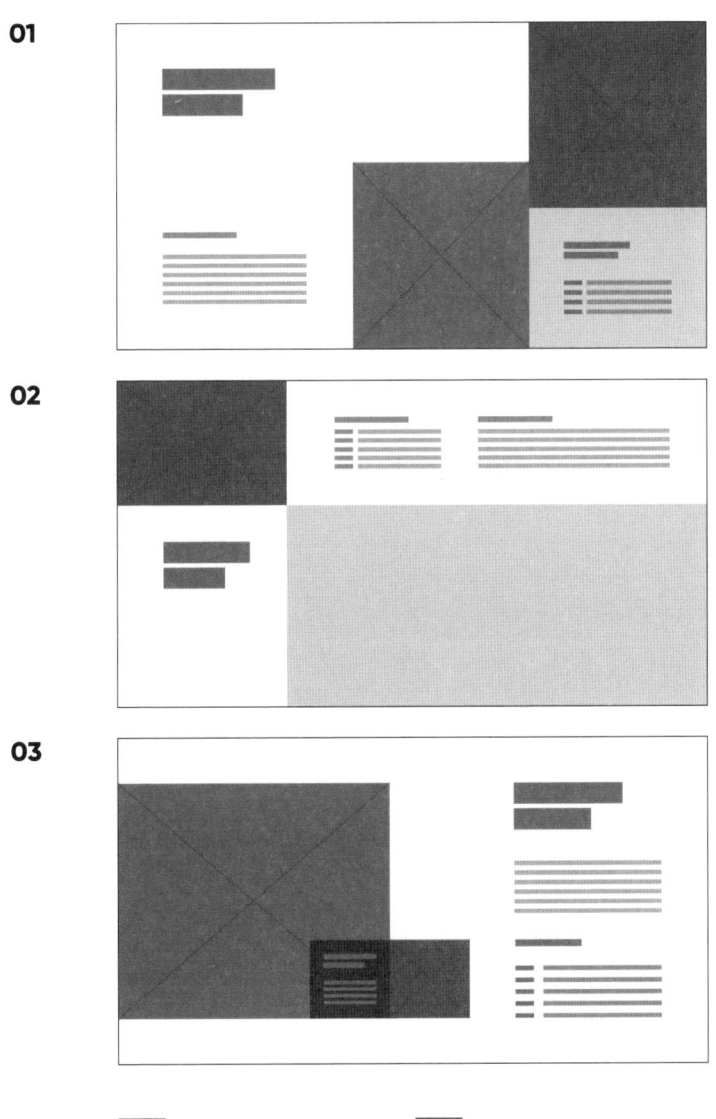

FAQ

자주 나오는 질문과 답변도 한 페이지에 통으로 들어가는 콤포넌트 중 하나입니다. 아예 게시판 형식으로 만들거나 Q&A 느낌으로 한 줄 한 줄 구성해서 6~7개 정도의 질문 답변 세트를 구성합니다. 내부 정책이 바뀌지 않는 한 고정해 놓고 여기저기 복붙하시면 됩니다.

01

02

03

⊠ 이미지나 컬러가 들어가는 곳   ≡ 텍스트가 들어가는 곳

CS절차

환불, 교환, 계약 파기, 불만족 등 고객 입장에선 처음 경험하는 브랜드 제품을 구매할 때 가장 걱정되는 게 이런 부분일 수 있습니다. B2B도 마찬가지죠. 이 부분은 환불/교환 등 각 케이스별로 정리해서 FAQ 형식이나 프로세스 형태로 정리해 놓습니다. 오른쪽 이미지에는 그 중 프로세스 형태를 주로 나타냈습니다.

01

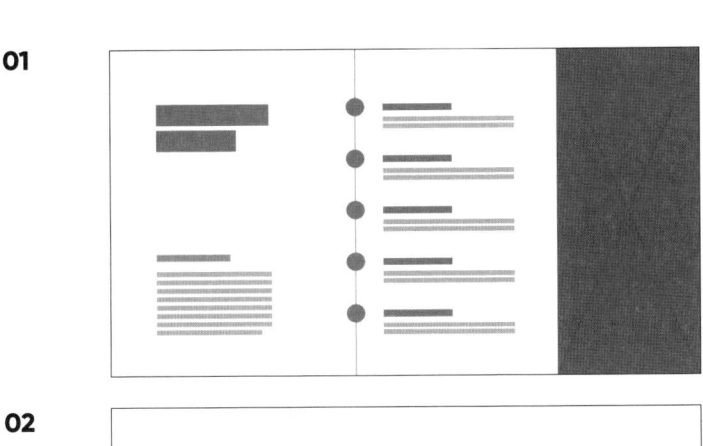

02

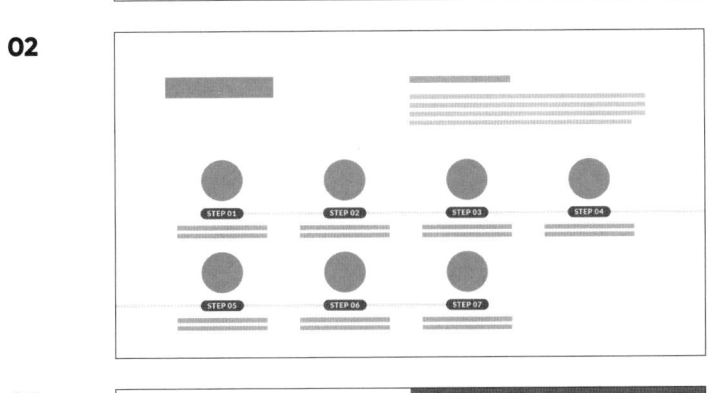

03

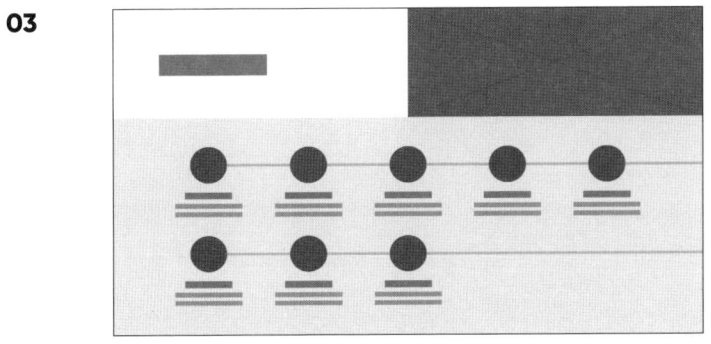

⊠ 이미지나 컬러가 들어가는 곳   ≡ 텍스트가 들어가는 곳

케이스

고객이 선사하는 일종의 간증 같은 거죠. 기업 입장에선 이런 정성스러운 케이스가 매우 소중합니다. 사실 이런 콤포넌트들은 인터뷰 대상에게 동의와 활용 범위를 사전 합의해야 하기 때문에 모수를 늘리기 쉽지 않습니다. 그러니 하나하나 확보한 케이스들을 잘 관리하도록 합시다.

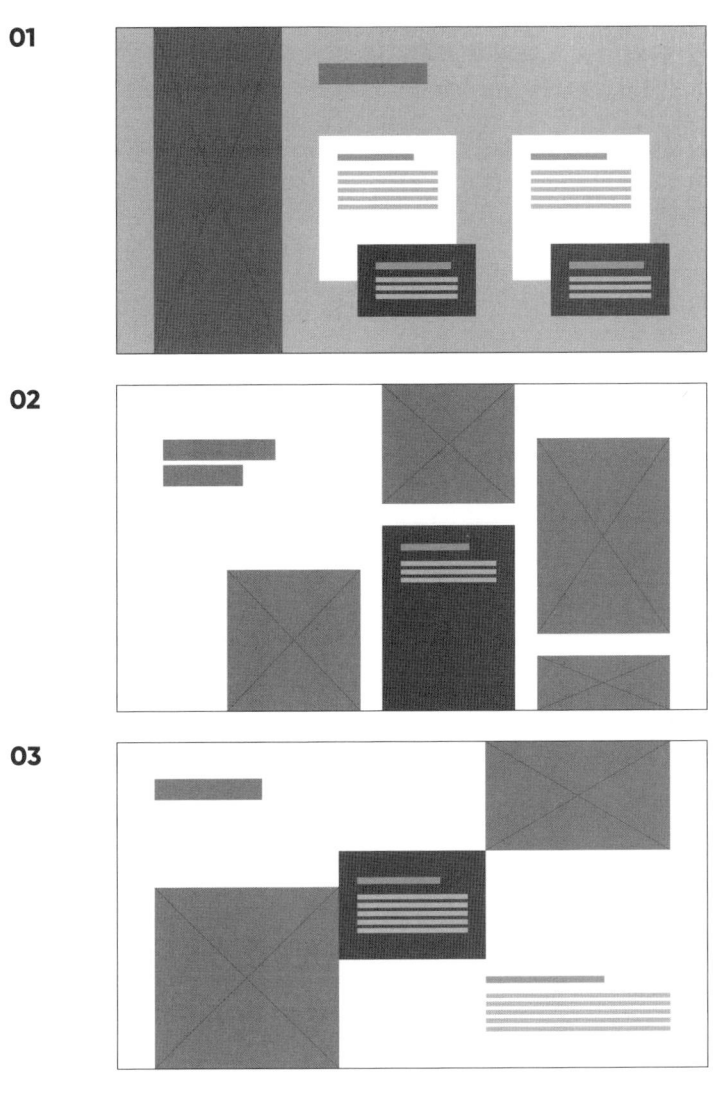

☒ 이미지나 컬러가 들어가는 곳   ≡ 텍스트가 들어가는 곳

인터뷰 · 리뷰

이 부분은 매우 중요합니다. 리뷰는 리뷰창을 캡쳐해도 되지만 디자인이 그리 예쁘진 않을 것입니다. 따로 리뷰창 템플릿을 만들어서 배치합니다. 이때 같은 내용이 반복되는 리뷰보단, 우리의 특장점에 부합하는 칭찬과 긍정적인 리뷰를 부각시키는 것이 중요합니다. 인터뷰는 활용 동의가 필요합니다. 소중한 콘텐츠니 잘 정리해서 필요한 부분만 발췌하고 콤포넌트화 합니다.

01

02

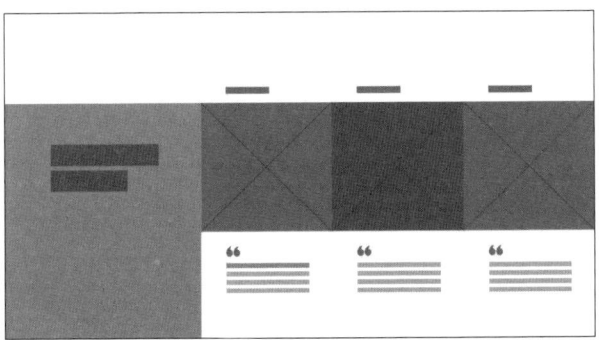

03

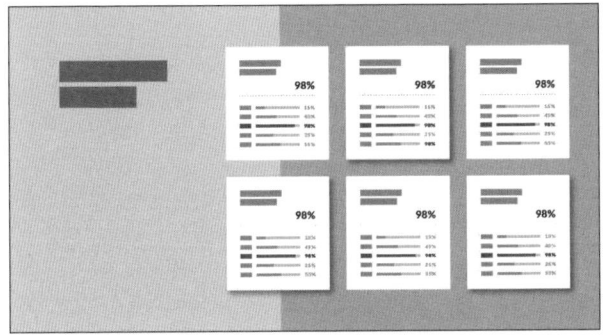

⊠ 이미지나 컬러가 들어가는 곳　▬ 텍스트가 들어가는 곳

사용 이미지

실제로 서비스나 제품을 사용하고 있는 모습이 있으면 좋습니다. 특히 제품이라면 더더욱 말이죠. 단, 좀 예쁜 사진이었으면 좋겠습니다. 너무 급하게 찍은 폰카 사진 같은 거 말고 정성스럽게 포토그래퍼의 전문성이 담긴 깔끔한 사진이면 더욱 좋겠죠.

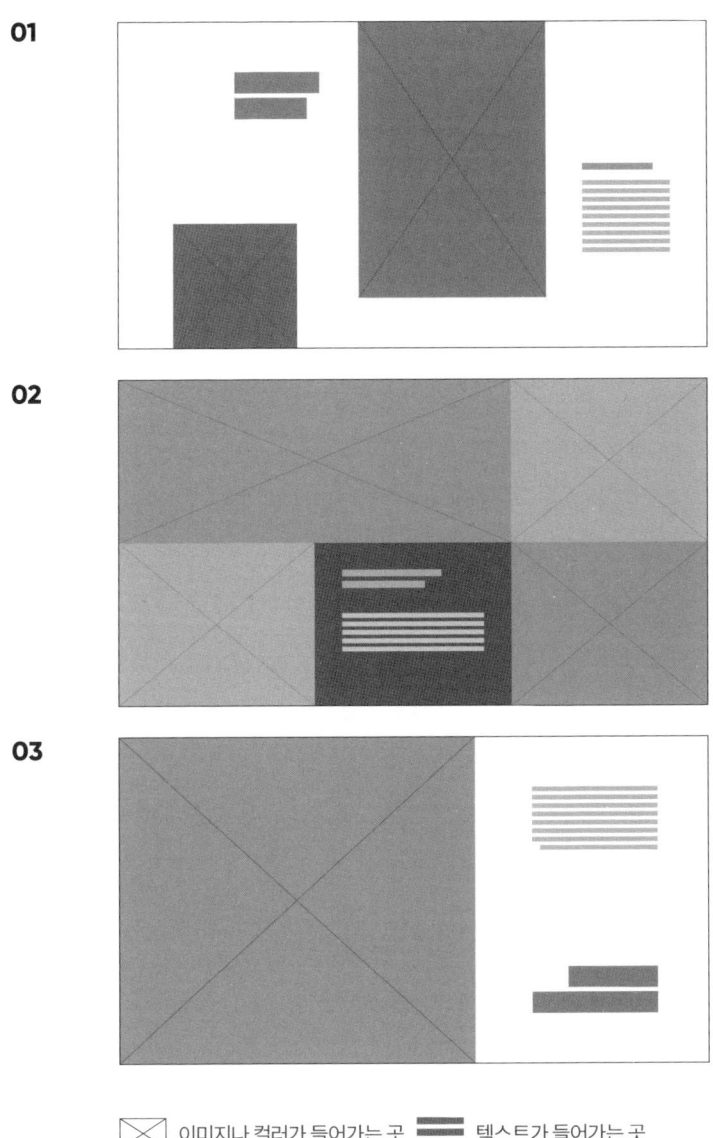

비포/애프터 이미지

제품이나 서비스 사용 전과 후가 달라지는 경우엔 이 장표가 정말 중요합니다. 예를 들어 화장품, 고해상도 변환 프로그램, 정리 도구 등 비포/애프터의 변화가 명확한 비즈니스에서 많이 활용하죠. 어, 그러고 보니 저희 회사 이름도 '애프터모멘트'네요. 저흴 만나고 나면 백만 개 고구마가 싹 씻겨 내려가듯 깔끔하게 정리된다는 뜻이죠. (갑자기 자랑)

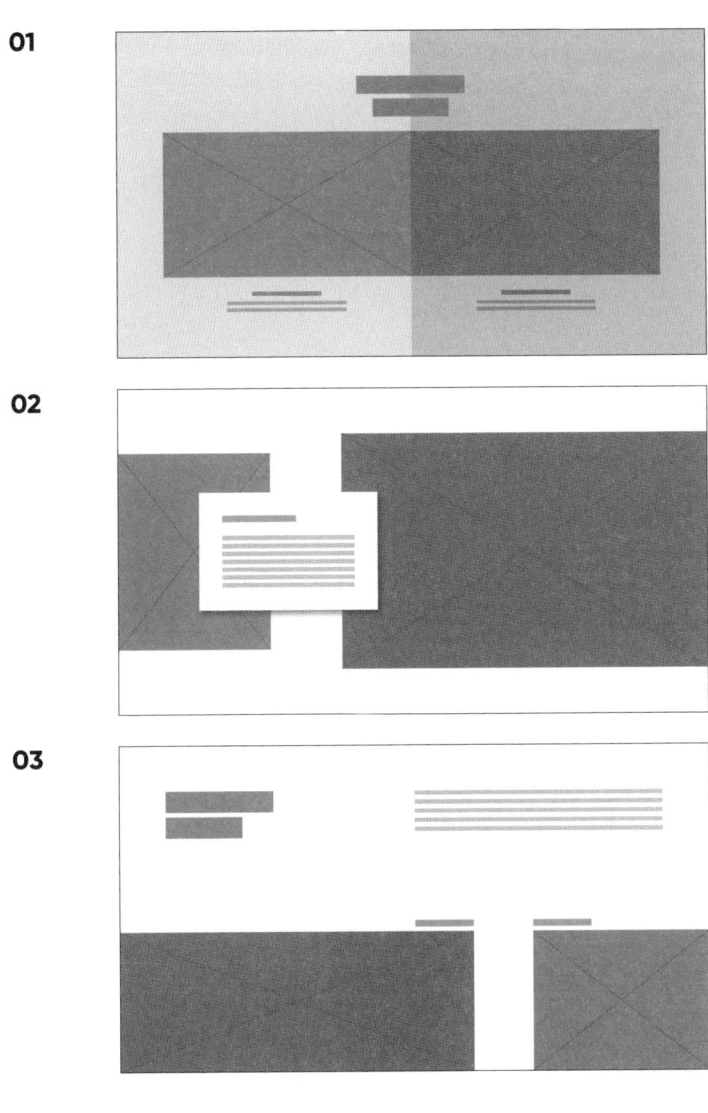

⊠ 이미지나 컬러가 들어가는 곳   ≡ 텍스트가 들어가는 곳

비포/애프터 그래프

수치의 변화도 중요하죠. 이는 비주얼의 변화가 아닌 시간, 비용의 감소, 인력감소 등 생산성의 변화가 생기는 경우 나타납니다. 이 때는 비포와 애프터의 변화치를 그래프로 보여주는 방식과 변화량을 숫자로 정확히 보여주는 방식이 있습니다. 전자의 경우엔 두 그래프의 디자인을 똑같이 맞춰줘야 합니다. 그래야 무엇이 변한 건지 볼 수 있거든요. 후자의 경우엔 '숫자' 자체를 강조하는 것과 더불어 해당 숫자가 어떤 가치를 지니고 있는지 적절히 설명이 있어야 합니다.

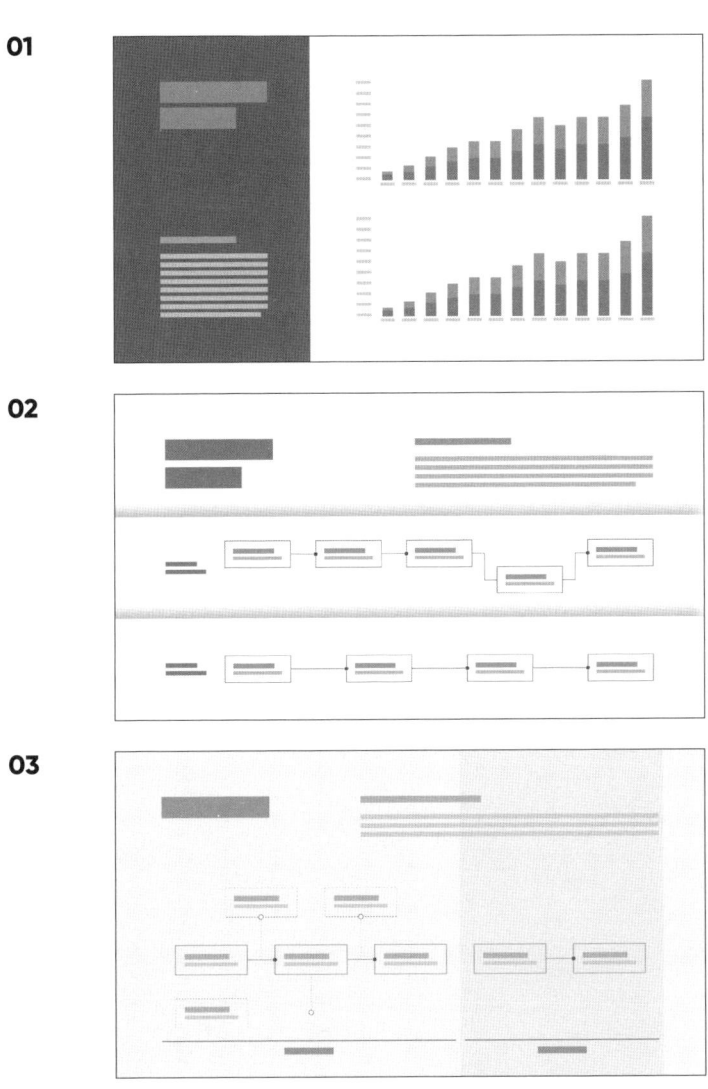

☒ 이미지나 컬러가 들어가는 곳 ▬ 텍스트가 들어가는 곳

숫자를 전달하는 방법
(Numbers Layout)

소개서 자체에 수치가 들어가는 경우는 그리 많지 않습니다. 이제부터 보여드릴 넘버스 파트는 사업계획서나 투자제안서에 대부분 사용될 장표입니다. 하지만, B2B 제안을 하다 보면 온갖 데이터나 경영실적, 실험결과, 운용계획 등 액션과 비용에 관련된 페이지를 적을 일이 꽤나 있습니다. 수치 장표는 잘 디자인해야 하는데, 디자인이 꼭 화려함을 의미하는 것은 아닙니다. 복잡한 장식요소 없이 정보들을 말이 되는 위치에 잘 배치하는 것이 더 어려운 작업이죠. 특히 폰트의 크기나 각 정보 간의 여백에 각별히 신경 써주세요. 서로 별개인 정보가 마치 하나인 것처럼 보이지 않도록 말이죠.

3개년 매출 추이

올해를 기준으로 작년, 재작년 매출 그래프입니다. 과거의 그래프는 바뀌지 않으니 콤포넌트로 만들어서 다양한 장표에 사용할 수 있습니다. 만약 올해의 절반이 지나지 않았다면 작년을 최종으로 잡습니다. 보통은 3년으로 잡지만 엑싯 계획(Exit Scenario)까지 생각하고 계시다면 5~7개년까지도 그려줄 수 있습니다. 그래프엔 화려한 그래픽을 넣지 않으려고 합니다. 아무것도 없는 막대 그래프에도 이미 x, y 축의 각종 수치들이 있어서 봐야 할 정보들이 많은 상태이기 때문입니다. 그래프는 최대한 간결하게 만들어줍니다.

01

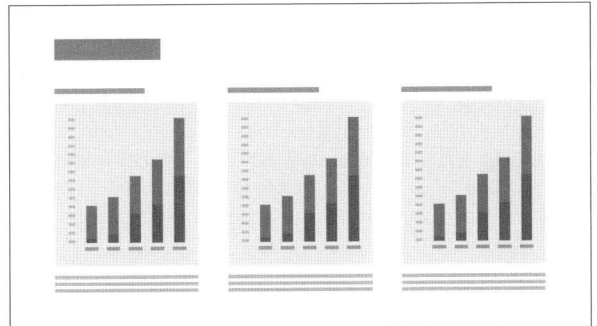

02

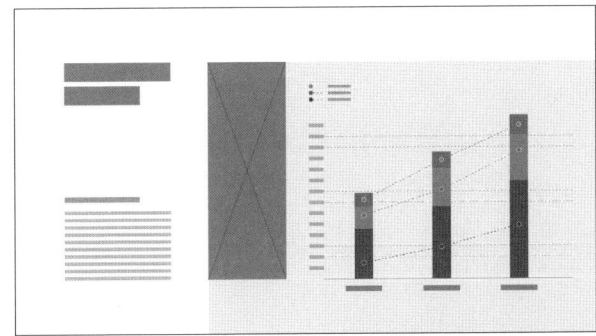

03

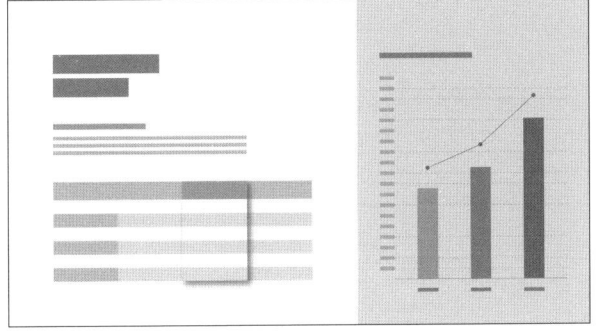

◻ 이미지나 컬러가 들어가는 곳   ▬ 텍스트가 들어가는 곳

제품별 · 부문별 매출 추이

회사가 제품을 하나만 판매하고 있다면 할 필요가 없습니다. 하지만 다양한 제품을 판매하고 있다면, 어떤 제품이 하드캐리하고 있는지 보여줄 필요가 있습니다. 이 땐 여러 개의 꺾은 선 그래프나 중첩된 누적 막대그래프가 주로 쓰이는데 색 구분을 잘해주셔야 합니다. 다만, 다양하고 화려한 색이 들어가면 어지러워 보이므로 한두 개의 색만을 활용하는 것을 추천드립니다.

01

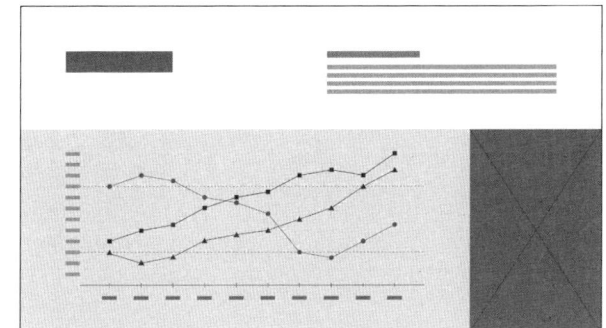

02

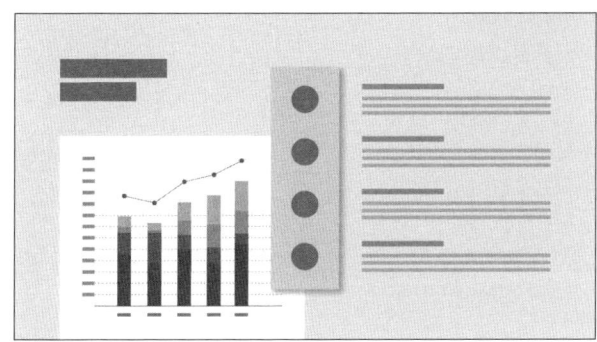

03

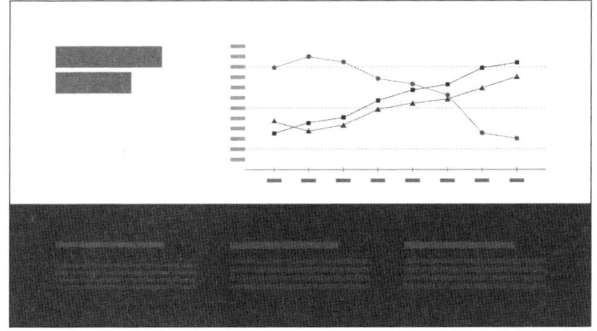

⊠ 이미지나 컬러가 들어가는 곳   ≡ 텍스트가 들어가는 곳

지역별 매출 추이

지역기반 서비스를 제공하고 있거나, 전국 단위 사업을 하고 있다면 지역별 매출이 중요해요. 앞서 제품별, 부문별, 3개년 매출 그래프들은 대부분 동일한 양식을 활용합니다. 마치 한 세트처럼 같이 다니는 경우가 많기 때문에 선이나 색깔, 그래프의 스타일 등을 통일시켜주세요.

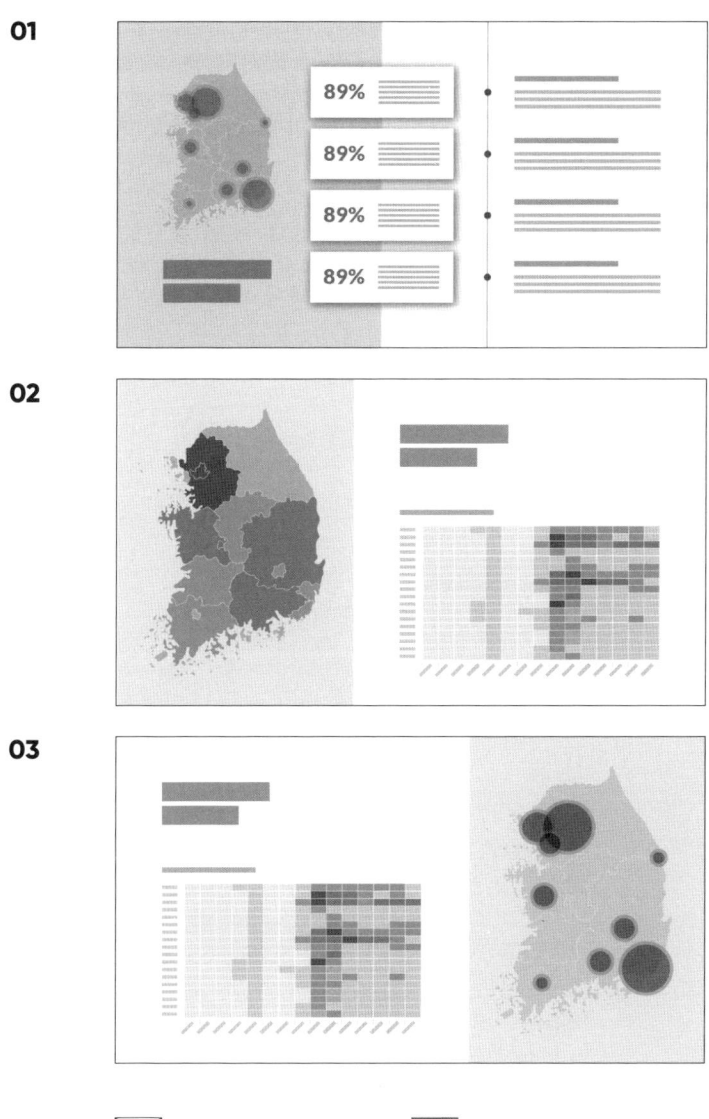

경영 실적

IR에서의 필수 요소입니다. 여기엔 그룹/계열사의 손익, 분기별 실적, 각 실적의 분석, Key takeaways*, 자산 건전성 등이 포함됩니다. 약식으로 정리합니다. 경영실적은 원래 수십 장의 자료라서, 이걸 콤포넌트화 시키려면 머리가 좀 아프답니다. 중요 내용만 정리해서 1페이지로 만들어놓습니다. 분기별로 업데이트해주고 당기순이익과 순이익의 구분을 잘 해주셔야 합니다.

*
Key takeaways : 주요 시사점을 의미합니다. 단순히 수치만 늘어놓으면 보는 사람이 너무 힘들겠죠. 해당 수치들과 변화량이 어떤 의미를 지니고 있는지 해석을 곁들여주면 좋습니다.

01

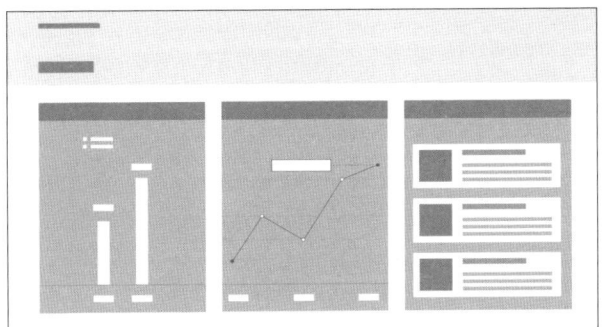

02

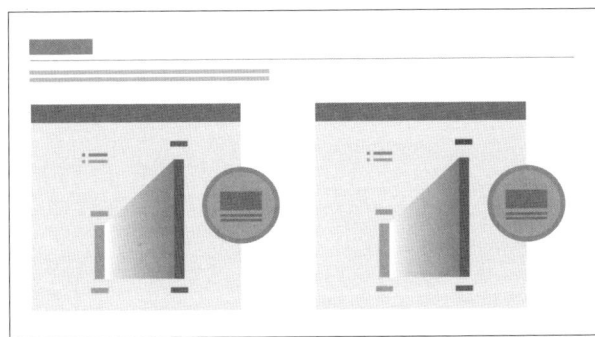

03

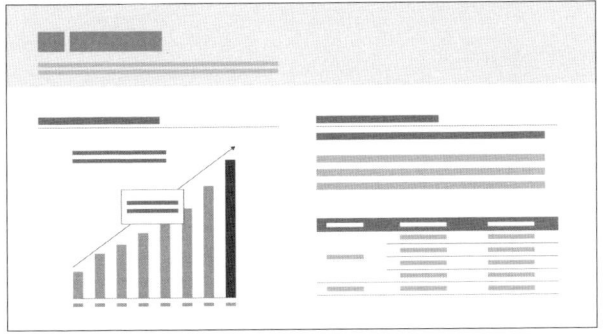

⊠ 이미지나 컬러가 들어가는 곳　≡ 텍스트가 들어가는 곳

비즈니스 모델

우리가 흔히 BM이라고 부르는 것입니다. 수익구조를 가시화시켜주는 것이죠. 어디에서 어떻게 얼마만큼 매출을 내고 있는지를 도식으로 보여줍니다. 우리 브랜드와 구매자, 중간자의 관계를 화살표 등으로 표시합니다. 이 때 서로 무엇을 주고받는지가 표시되는 것이 좋죠.

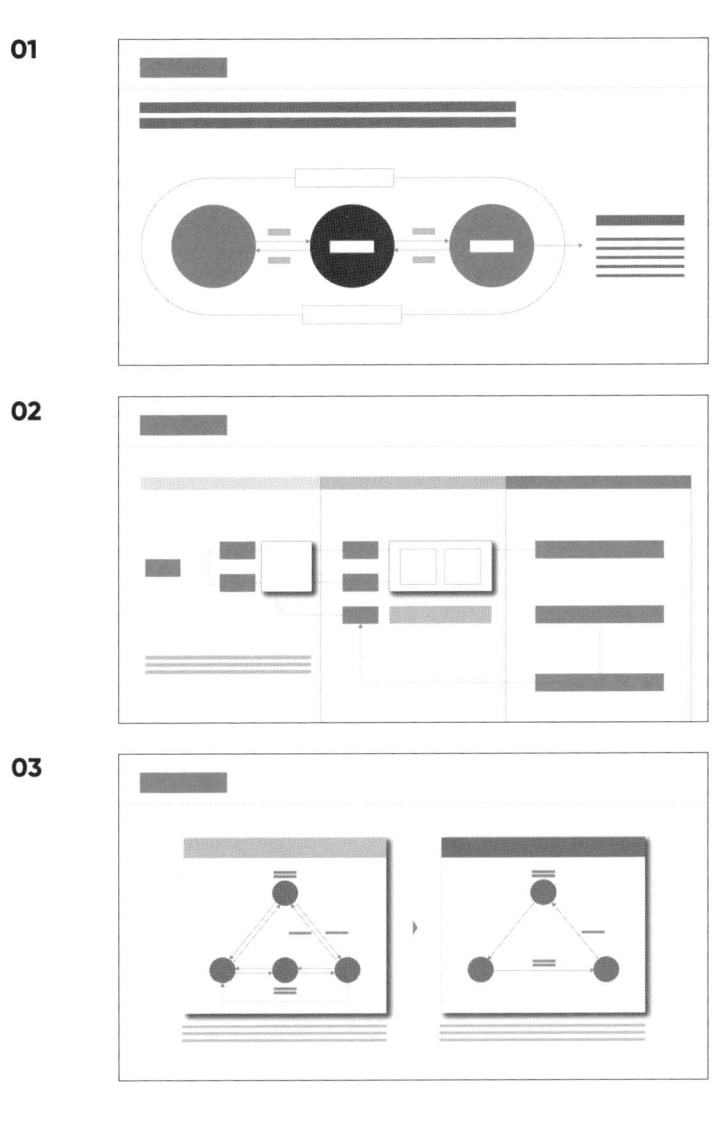

실험 결과

실험이 필요한 회사, 즉 제약이나 바이오, 화장품, 유해성 실험, 검사 키트 등과 같이 과학적 증거가 중요한 비즈니스라면 실험 결과들을 정리해놓아야 합니다. 그리고 무작정 나열하기보단 이 실험 결과들이 결국 무엇을 의미하는지 시사점을 정리해야 합니다. 이 자료를 보는 사람들은 대다수가 비전문가일 것입니다. 읽히지 않으면 무의미한 페이지가 되어버리고 말죠.

01

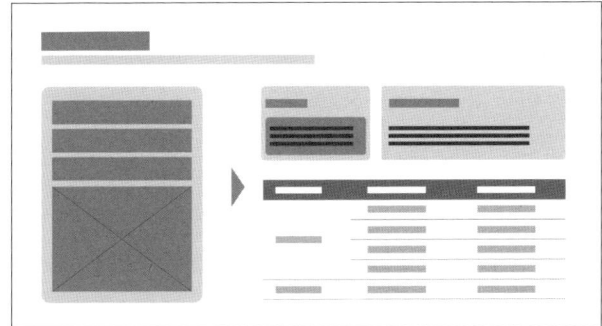

02

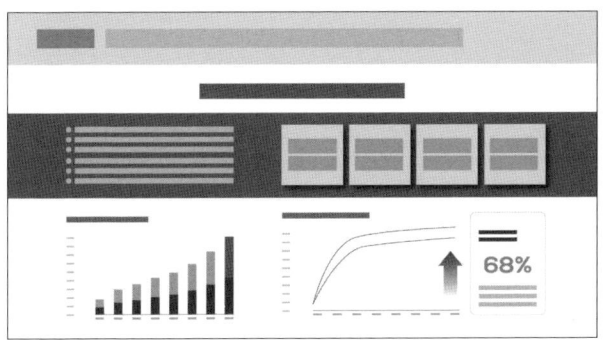

03

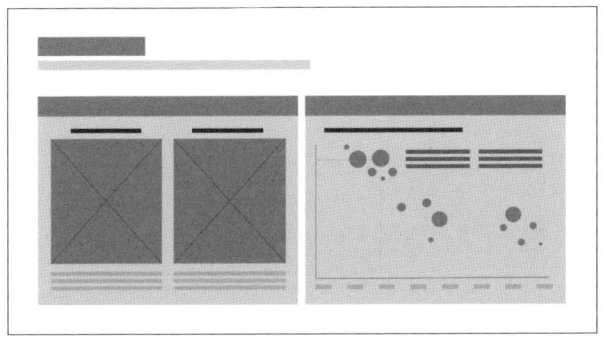

⊠ 이미지나 컬러가 들어가는 곳   ≡ 텍스트가 들어가는 곳

R&D 계획

현재 진행되고 있는 R&D 현황은 물론 추후 어떤 부분에 집중할지도 함께 정리해놓습니다. IR에 들어가야 할 요소 중 하나입니다. 주로 타임라인 형태를 많이 쓰지만, 시기를 특정하기 어려운 경우엔 박스 안에 1, 2, 3, 4로 숫자를 붙여 열거하기도 합니다.

01

02

03

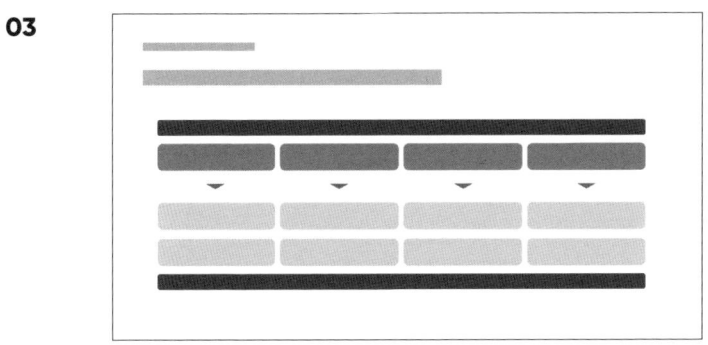

⊠ 이미지나 컬러가 들어가는 곳   ≡ 텍스트가 들어가는 곳

인력 운용 계획

채용에 관련한 계획들도 정리해 놓습니다. R&D와 비슷하지만 부서별 운용 전략 등 약간의 차이가 있습니다. 현재의 인원에 역할을 부여하는 방식도 있고, 목표 인원을 밝힌 뒤 추가 채용을 통해 이를 달성하겠다는 메시지를 줄 수도 있습니다.

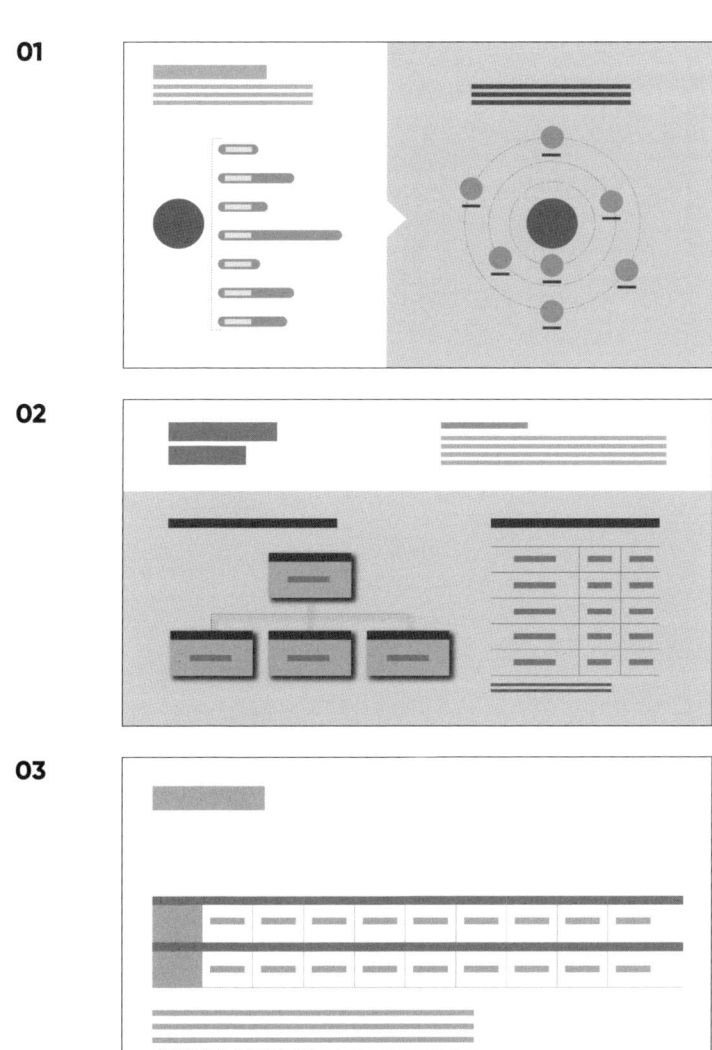

투자금 운용 계획

투자금을 어떻게 쓸지도 말해줘야겠죠. 총 투자금액을 전체로 잡고 각 요소별 사용계획을 쪼개서 표현합니다. 원그래프 형태가 많이 나타나죠. 이때는 단순히 비율만 표기하기보단 각 영역이 얼마를 차지하고 있고 이에 대한 산출 근거가 무엇인지 함께 표기해주는 것이 좋습니다.

01

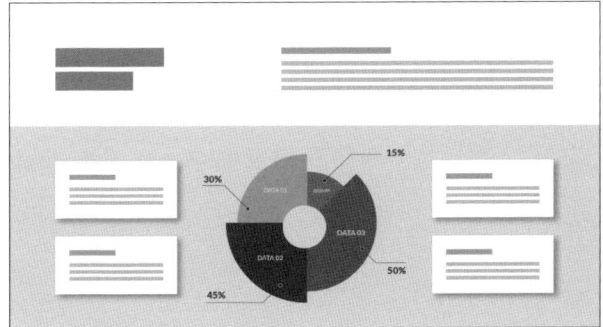

02

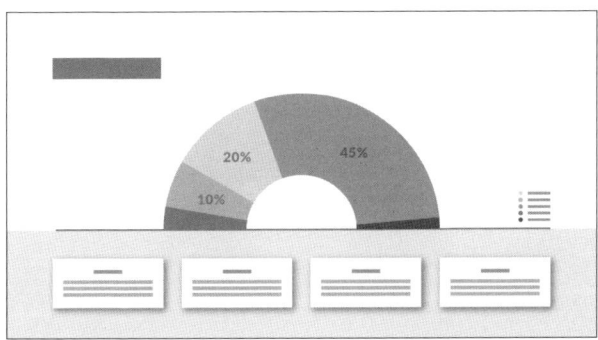

03

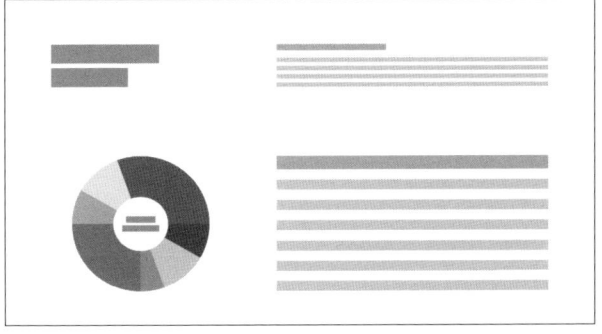

⊠ 이미지나 컬러가 들어가는 곳　≡ 텍스트가 들어가는 곳

자금 조달 계획

자금 조달 계획을 작성할 땐 부채 비율도 함께 적어주는 경우가 많습니다. 정부 지원, 융자, 주식, 담보, 채권 등 다양한 곳에서 돈을 끌어올 수 있겠죠? 스타트업의 경우엔 민간/기관투자, 정부 지원 사업 등도 모두 여기에 해당합니다. 채널별로 정리해서 리스트나 파이프, 원그래프 형태로 정리해놓습니다.

01

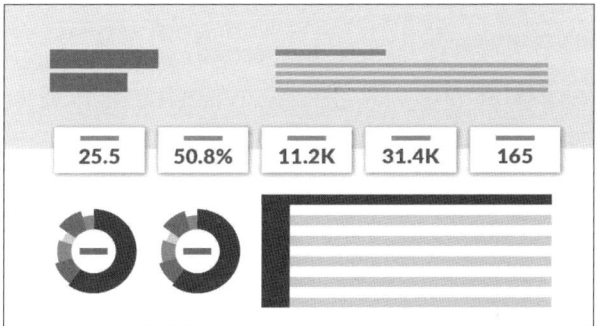

02

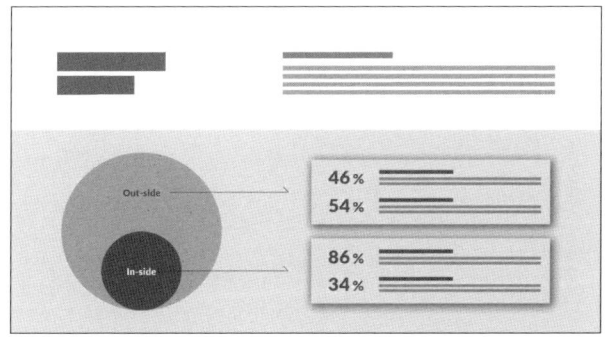

03

⊠ 이미지나 컬러가 들어가는 곳   ≡ 텍스트가 들어가는 곳

기대 수익률

수익률을 산정할 땐 일곱 가지 정도를 고려합니다. 예상 매출(행복 회로 없는 깔끔한 예상), 기업 밸류에이션, 투자 규모, 회수 가능성, 원가율, 회수기간, 세후이익 등으로 구분해서 정리해놓습니다. 각각은 도표나 박스 형태로 명확히 표현합니다. 그래프 위에 덕지덕지 텍스트가 올려진 형태가 되지 않도록 유의합니다.

01

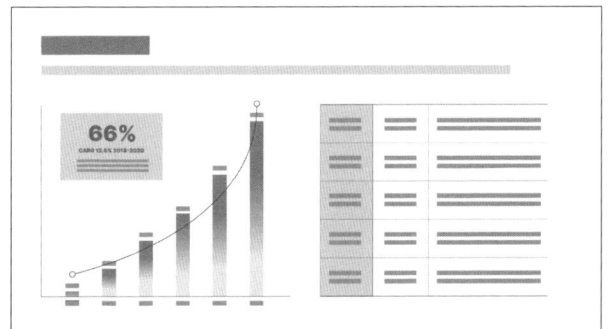

02

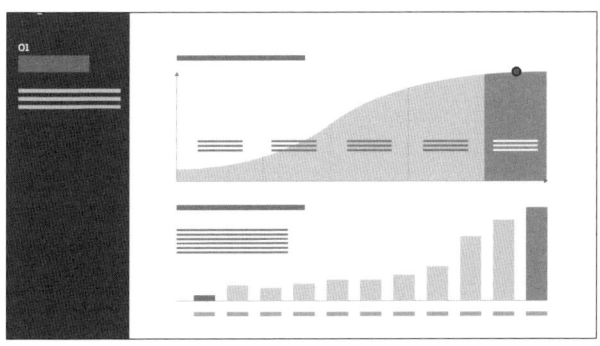

03

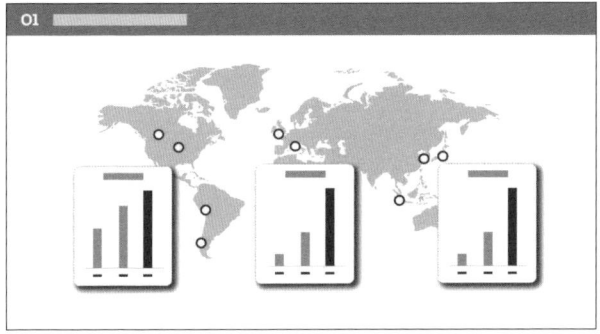

⊠ 이미지나 컬러가 들어가는 곳   ▬ 텍스트가 들어가는 곳

투자 회수 방안

투자 회수 방안은 좀 더 회수기간과 현금흐름 등에 초점을 맞추도록 합니다. 언제까지 얼마의 수익률로 회수가 가능하다는 걸 보여주는 게 주요 메시지이지만, 그 근거로 우리 자본이 어떤 흐름을 거쳐 어떻게 운용될지를 체계적으로 보여줘야 해요. 원가/판매/관리/시설비 등을 비용으로 잡고 영업이익, 당기순이익을 표현합니다. 그 외 요소로 순운전자본을 더하고, 시설투자비와 법인세를 빼기도 합니다. 한 페이지로 정리합니다.

01

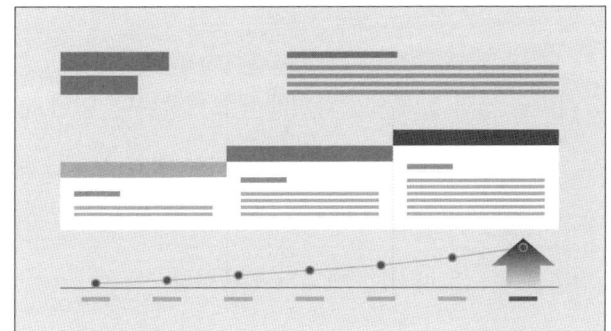

02

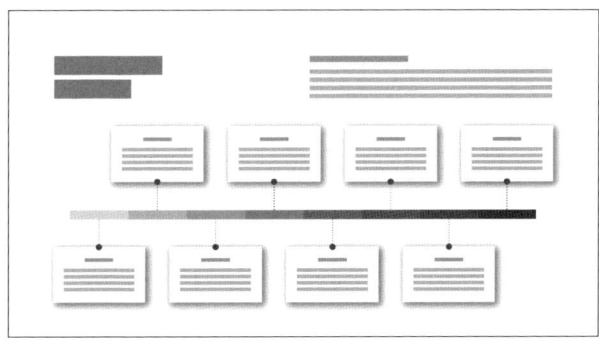

03

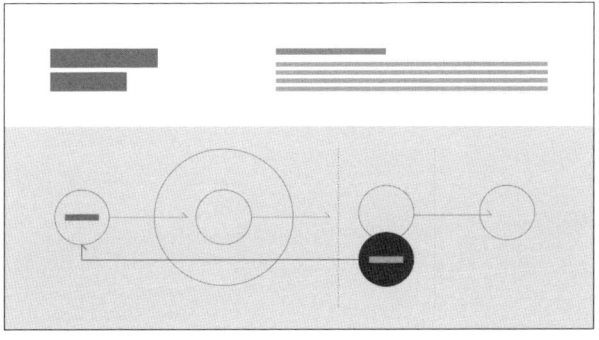

이미지나 컬러가 들어가는 곳   텍스트가 들어가는 곳

국내 성장 전략

우리의 성장계획을 경영 전략적인 측면에서 보여줍니다. 어떤 부분에 어떻게 투자해서 어떻게 확장시킬 것인지 3~5개년에 걸친 계획을 보여줍니다. 그래프 위에 박스를 그려서 표시해주는 방식이 있고, 그래프 의 x축 연도 아래 상세 계획을 리스트로 적는 방식도 있습니다.

01

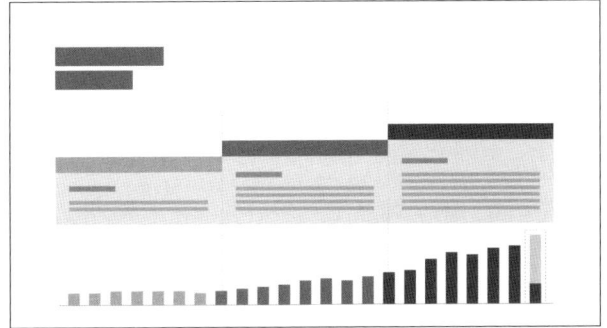

02

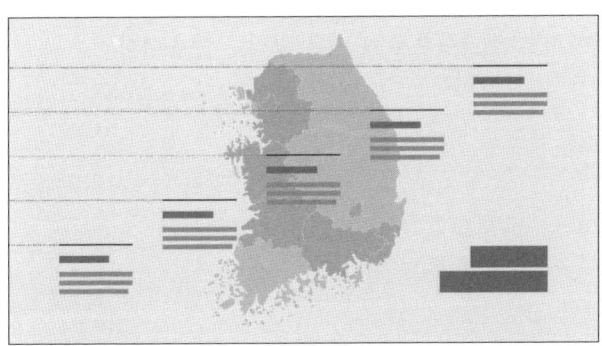

03

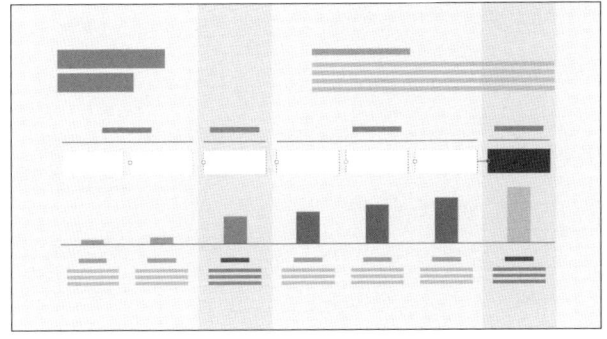

⊠ 이미지나 컬러가 들어가는 곳   ≡ 텍스트가 들어가는 곳

글로벌 성장 전략

글로벌 전략은 국가별 특이사항이 반영될 수 있습니다. 표로 정리하는 게 더 편합니다. 지도 위에 이렇게 저렇게 적어주는 방법도 있겠지만 자칫 난잡해 보일 수 있어요. 물론 예쁘게 디자인한다면 문제가 없겠죠. 지도 위에 굳이 적으려면 다른 나라를 모두 흐릿하게 빼주고, 목표로 하는 나라만 그림자를 주거나 선명하게 만들어서 강조해줍니다. 그게 아니라면 국기만 따로 빼서 리스트형으로 만드는 방식도 있습니다.

01

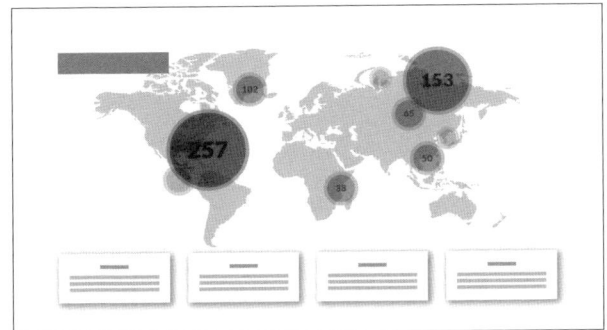

02

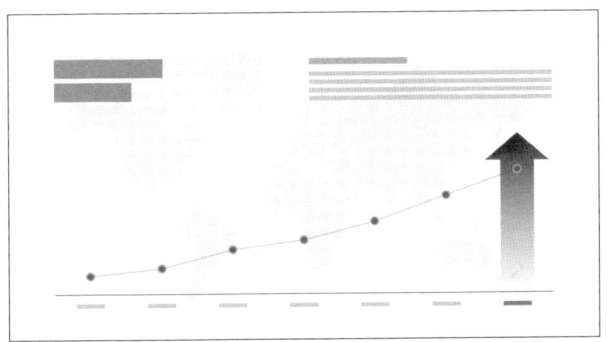

03

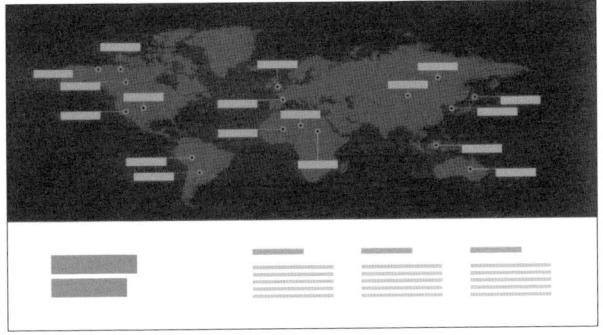

⊠ 이미지나 컬러가 들어가는 곳   ▬ 텍스트가 들어가는 곳

추진 일정

이건 투자 관련 일정을 의미합니다. 투자를 받기 전까지, 또는 투자를 받은 후에 어떻게 일을 진행할 것인지 타임 테이블로 정리하는 방식이죠. 주로 월별로 구분된 테이블을 주로 활용합니다. 주 단위 구분은 너무 구체적이라서 보통은 월이나 분기별로 나누기 마련이죠. 투자시점부터 후속 투자 또는 현재 투자의 클로징 단계까지를 표현할 수 있습니다.

01

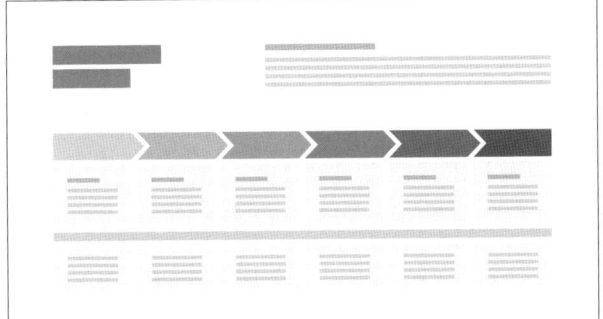

02

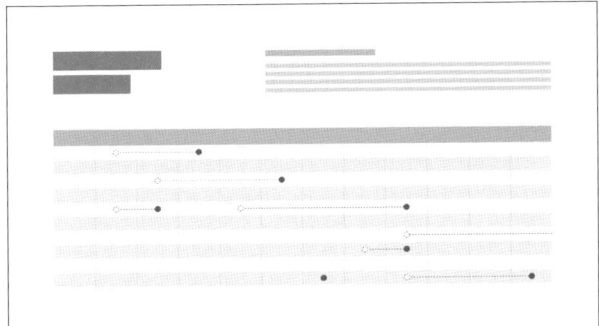

03

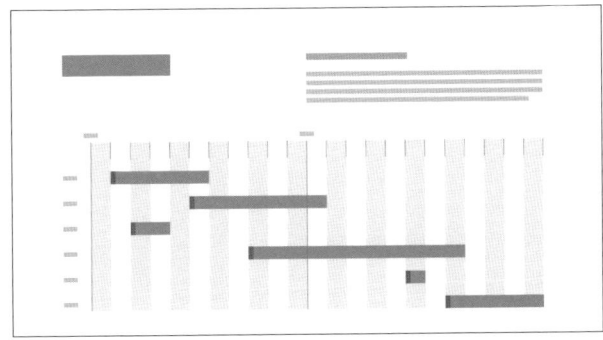

⊠ 이미지나 컬러가 들어가는 곳   ≡ 텍스트가 들어가는 곳

마케팅 전략 및 리서치

마케팅 전략도 함께 작성해 줍니다. 세세한 채널별 계획이 아니라, 각 매체별 소요 비용 및 성과관리 등에 대한 이야기를 주로 담죠. 현재까지 진행했던 마케팅 성과를 함께 넣어주면 좋습니다. 특히 이 때 성과에 집착해서 온갖 지표들을 열거하는 경우가 있는데 좋은 방식이 아닙니다. 전략과 성과는 가설과 실행, 결과치로 정리해 논리적으로 기재해줘야 합니다.

01

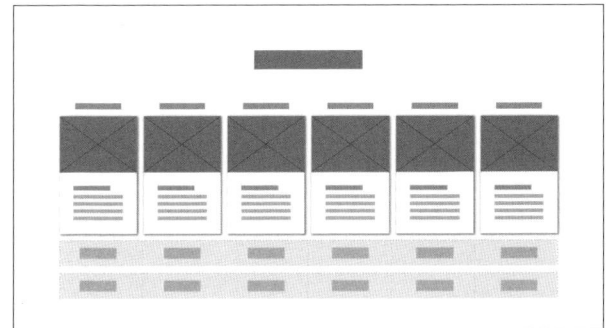

02

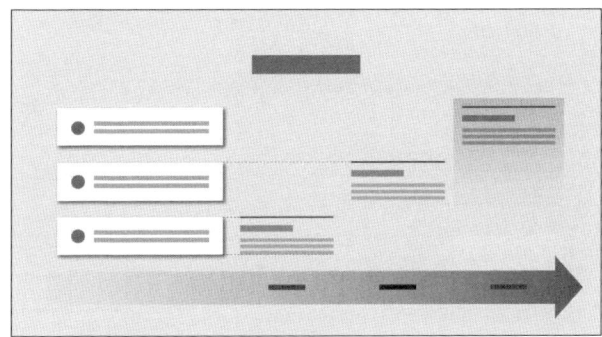

03

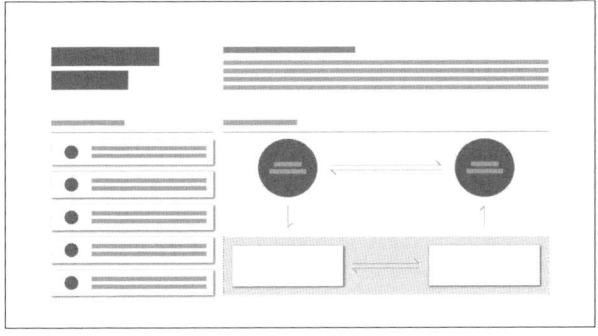

⊠ 이미지나 컬러가 들어가는 곳   ≡ 텍스트가 들어가는 곳

약식 재무제표

IR에 들어가는 재무제표는 보통 따로 첨부하므로 약식으로 기재해도 됩니다. 무엇을 집어넣을지는 사실 본인이 결정하는 것이긴 하지만 대략 다음과 같습니다.

자산(유동자산, 비유동자산) - 총액만
부채(유동부채, 비유동부채) - 총액만
자본(자본금, 주식발행초과금, 이익잉여금) - 총액만
부채 및 자본 총계 - 총액만

01

02

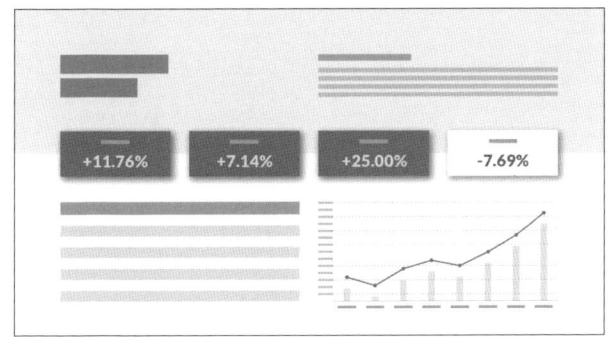

03

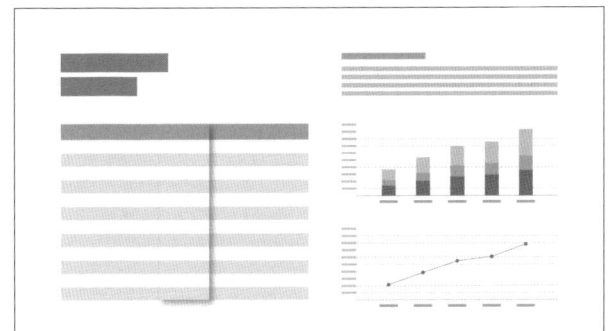

⊠ 이미지나 컬러가 들어가는 곳   ≡ 텍스트가 들어가는 곳

인덱스 양식

표지 다음에 인덱스 페이지가 나옵니다. 특별히 큰 의미가 있는 페이지는 아니지만, 앞부분에 있는 만큼 우리의 목소리를 처음 드러내는 첫인상과도 같습니다. 가독성을 고려한 깔끔한 디자인이 좋습니다. 20페이지 미만은 인덱스를 넣지 않아도 크게 상관없습니다. 챕터가 2개 이상 될 때 준비하도록 합시다.

01

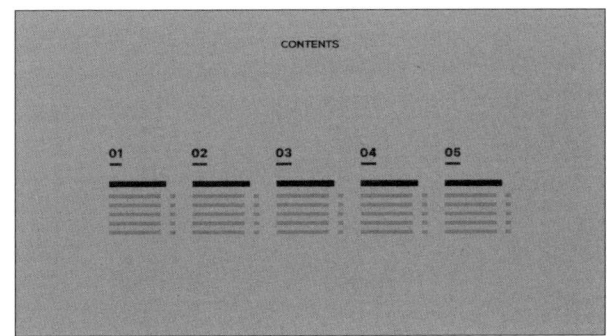

02

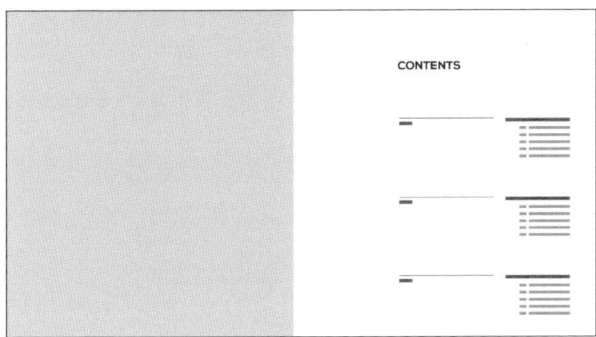

03

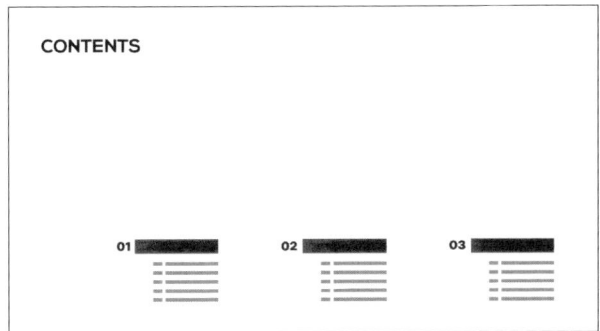

⊠ 이미지나 컬러가 들어가는 곳   ≡ 텍스트가 들어가는 곳

표지 양식

소개서가 기업의 얼굴이라면, 표지는 소개서의 얼굴과도 같습니다. 브랜드가 지닌 성격과 톤앤매너를 가장 먼저 보여주는 곳입니다. 그 자체가 투자에 영향을 미치진 않고, 고유의 특성인 만큼 좋다, 나쁘다로 얘기할 순 없습니다. '있느냐, 없느냐'의 문제죠. 다만, 표지는 브랜드의 성격과 어떤 스타일의 제품/서비스를 만들 것 같다, 라는 고정관념을 전달할 수 있습니다. 넘기기 전부터 어떤 이미지가 생기는 것이죠. 이 점을 간과해선 안돼요. 화려함보단 전체 소개서 디자인과의 맥락이 훨씬 중요합니다. 표지는 보통 제일 마지막에 만들곤 합니다. 9가지의 다양한 표지제작 방식을 보여드릴게요. 각 브랜드의 특성에 따라 사진이나 타이포그래피, 목업 이미지, 기하학패턴 등을 다채롭게 활용할 수 있습니다.

01

02

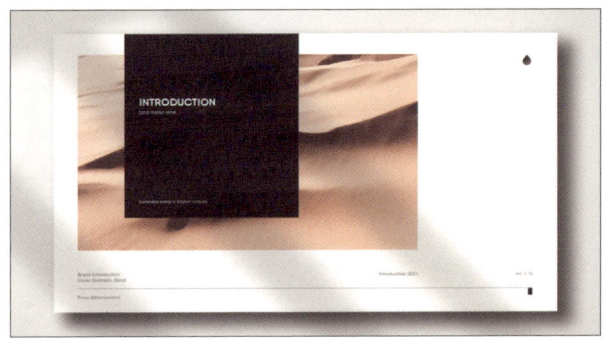

03

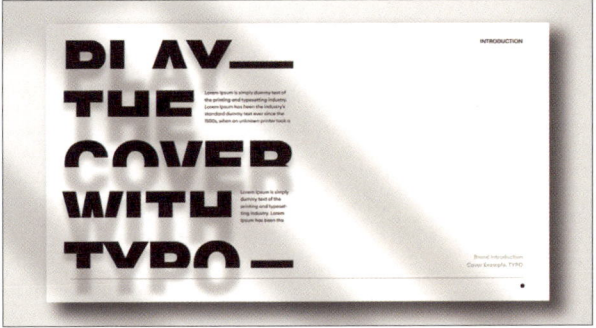

04

05

06

07

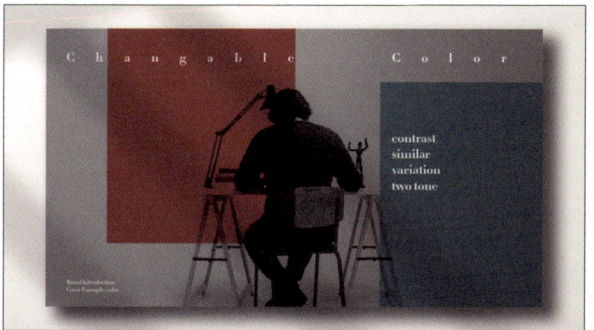

08

09

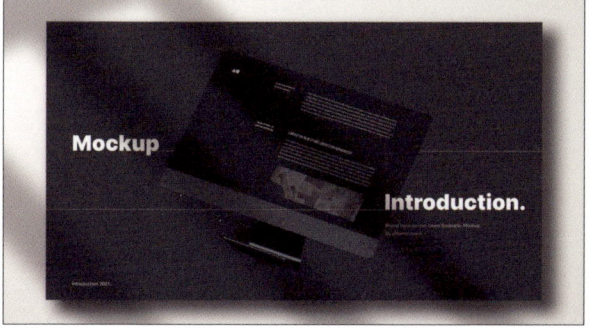

Epilogue

길고 긴 여정이 끝났습니다. 이걸 끝까지 읽어주신 여러분들은 정말 대단합니다. 잠시 제 이야기를 하도록 할게요. 저는 브랜드를 기록하는 디자인 회사, 애프터모멘트를 운영하고 있습니다. 회사소개서나 투자제안서, 컬쳐덱을 제작하고 있죠. 꼬꼬마시절 클라이언트 사무실에 노트북 하나 들고 들어가서 제안서나 소개서 제작 프로젝트를 진행하곤 했었답니다. 문제는 소개서에 들어가는 내용과 디자인 요소들이 너무도 많은데다 이를 제대로 갖춘 브랜드가 그리 많지 않아 로고부터 컬러, 슬로건, 브랜드 텍스트는 물론 사진을 직접 찍으러 다니거나, 회계팀과 같이 숫자를 맞추는 일도 잦았습니다. 대표님들도 막상 만들려고 보면 재료가 너무 부족하다는 걸 깨닫곤 하셨죠. 하지만 보통 소개서 의뢰가 왔을 땐 급한 경우가 많았어요. 당장 박람회에 나가거나, 투자자와 미팅이 잡혔거나, 다른 고객사의 요청이 있을 때였죠. 소개서는 무기입니다. 브랜드를 누군가에게 소개할 때 '그냥 하는 경우'는 없습니다. 대부분 매출이나 투자, 협업, 제안 등 중요한 순간을 앞두기 마련이죠. 소개란 스포트라이트입니다. 내 차례가 된 것이죠. 이런 기회는 흔치 않고, 같은 기회는 두 번 오지 않을 것입니다. 이토록 소중한 순간을 허겁지겁 준비해서 대강 만들어진 소개서를 보여줘선 안 되겠죠. 우린 짧은 순간을 위해 소개서를 만듭니다. 하지만 무엇보다 중요한 시간입니다. 여러분을 향해 쏟아진 시선 앞에서 당당할 수 있도록. 나를 가장 깔끔하고 매력적으로 드러내는 소개서를 만들어보아요. 이 책이 여러분의 머리와 손의 고생을 조금이라도 덜어드릴 수 있다면 여한이 없겠습니다. 건승을 기원합니다!

회사소개서를 만드는 가장 괜찮은 방법

초판 1쇄 발행 2022년 4월 12일
초판 2쇄 발행 2022년 8월 30일

초판 발행 2022년 5월 13일 1쇄 발행

글	박창선
펴낸이	이가희
책임편집	애프터모멘트
디자인	이승현, 홍지윤
마케터	조히라

펴낸곳	AM
출판등록	2022년 01월 10일 제 2022-000010호
주소	서울특별시 마포구 성미산로10길36-20 301호
E-mail	publish@newdhot.com

ⓒ 박창선
ISBN 979-11-978286-0-7(03320)

*책값은 뒤표지에 적혀 있습니다.
*잘못 만든 책은 구입하신 서점에서 바꾸어 드립니다.
*AM은 찌판사의 레이블입니다.
*이 책은 저작권법에 따라 보호받는 저작물이므로 무단전재와 무단복제를 금합니다.